JN205737

よくわかる 民事信託

－ 基礎知識と実務のポイント

編集　（一社）民事信託士協会
　　　　（一社）民事信託推進センター

執筆　司法書士・行政書士　　浅井健司
　　　　弁護士　　　　　　　　海野千宏
　　　　弁護士　　　　　　　　金森健一
　　　　司法書士　　　　　　　澤邉　宏
　　　　司法書士・行政書士　　鈴木　望
　　　　司法書士・行政書士　　髙橋宏治
　　　　税理士　　　　　　　　若山寿裕

ビジネス教育出版社

はじめに

　2008年に信託法が改正され、民事信託、福祉型信託を踏まえた規定も創設されました。信託を利用する側の多様性に応えられるよう、標準的規定（デフォルトルール）に加えて信託の特徴である柔軟性が発揮できるよう、別段の定めを認めています。個人を取り巻く社会環境も大きく変わっています。それゆえ、個別の諸事情、財産の状況により民事信託の活用に期待が高まり、担い手たる専門家に創意工夫が求められています。

　一方、法が改正されて10年以上経て、便利なものと活用され始めていますが、研究は進んでおらずコンセンサスは醸成されていません。判例も少なく、課税関係および実務もあいまいなところがあり、信託法、信託行為の解釈をめぐるトラブルが予想されます。「契約を公正証書にしなくてもよい」、「信託口座を設けなくてもよい」、「不動産の名義を変えなくてよい」などと安直な説明、解釈、その利用は多くの危険をはらんでいます。

　信託は、受託者への全面的な信認とそれに応える受託者の心構え（信託法8条）がなくてはなりません。親子・家族の関係を基に委託者と受託者になって作り上げるのですから、その絆が民事信託の前提です。「家族であれば誰でもよい」というわけにはいきません。信託銀行、銀行、信託会社など法人の専門家が受託者となり、委託者個人との対等な立場で契約を結ぶ営業信託とは利用の意図が異なります。また、民事信託を提案する、相談に応える、あるいは（金融機関が）取り扱う立場からも、民事信託の良さを活かす工夫をしつつ、そのリスク・怖さも踏まえて慎重な真摯な洞察力をもって検証されることが求められています。

本書は、民事信託について、信託の意義を知る歴史、信託当事者、信託関係人の権利義務、課税関係、登記等の実務も事例をあげて記載しています。民事信託の基礎と実務フローを種々の角度から説明し、紹介しまたその注意点を述べています。また、後見制度、委任・代理との違い、併用など幅広く言及しています。賃貸不動産、自社株式など顧客のニーズの事例を踏まえて、Q&Aの方式によりできるだけ分かりやすいように努力しました。

2019年（令和元年）11月

一般社団法人民事信託士協会
代表理事　**大貫正男**

凡　例

●内容現在

本書の内容は、2019年（令和元年）10月1日現在の法令等に基づいています。

●執筆分担

巻末の「執筆者プロフィール」に記載のとおりです。

●根拠条文

かっこ書きで根拠条文を示す場合は、次のとおり表記しています。

条……算用数字

項……マル付数字

号……漢数字

〔例〕信託法19条3項2号 → （信託法19③二）

●参考文献

新井誠『信託法［第4版]』（有斐閣・2014年）

　⇒本文中の略称は「新井」

渋谷陽一郎『信託目録の理論と実務』（民事法研究会・2014年）

渋谷陽一郎『民事信託の実務と書式』（民事法研究会・2017年）

渋谷陽一郎『民事信託のための信託監督人の実務』（日本加除出版・2016年）

寺本昌広『逐条解説 新しい信託法［補訂版]』（商事法務・2008年）

　⇒本文中の略称は「寺本」

道垣内弘人『信託法（現代民法別巻)』（有斐閣・2017年）

　⇒本文中の略称は「道垣内」

道垣内弘人（編）『条解信託法』（弘文堂・2017年）

　⇒本文中の略称は「条解」

成田一正、金森健一、鈴木望『賃貸アパート・マンションの民事信託実務』（日本法令・2019年）

民事信託活用支援機構編『民事信託受託者の実務』（日本法令・2017年）

遠藤英嗣「信託監督人と受益者代理人の役割分担」『信託フォーラム』Vol.6（日本加除出版・2016年）

遠藤英嗣「信託法制等から『後見制度支援信託』を考える（下）」『実践 成年後見』NO.57（民事法研究会・2015年）

大野重國「任意後見の公証実務と信託」『信託フォーラム』Vol.9 (日本加除出版・2018年）

神庭豊久ほか「所有者不明土地問題への民事信託の活用可能性—信託業法における営業等に関するノーアクションレターの回答を踏まえて—」『金融法務事情』2098号（きんざい・2018年9月25日）

金融審議会金融分科会第二部会「信託法改正に伴う信託業法の見直しについて」（平成18年1月26日）

東京家庭裁判所「平成31年4月 成年後見・保佐・補助申立ての手引」

山﨑芳乃「民事信託と任意後見の連携を考える」『信託フォーラム』Vol.8（日本加除出版・2017年）

山中眞人「信託業における『営業』の意義」『信託フォーラム』Vol.6（日本加除出版・2016年）

目　次

1章　信託の古今東西

Q1 信託の起源は何ですか？ ································12

Q2 当初アメリカで発展した信託はどのようなものですか？ ········14

Q3 現在アメリカで活用される信託はどのようなものですか？ ·······16

Q4 日本の信託は古くはどのようなものでしたか？ ·············18

Q5 日本の現代の新しい信託の特徴はどのようなものですか？ ······20

Q6 アジア（大陸法）では信託法が制定されていますか？ ·········22

2章　民事信託スキームの基本

Q1 よくある民事信託はどんな仕組みですか？ ···············26

Q2 信託の設定方法にはどんなものがありますか？ ············32

Q3 信託設定方法の選択ポイントは？ ··················34

Q4 信託の当事者には、どのような権利義務がありますか？ ·······37

Q5 信託の当事者以外の信託関係人には、どのような権利義務があり、どう
組み合わせるのでしょうか？ ····················40

Q6 民事信託ならではの定め①遺言代用信託、その活用法は？ ······44

Q7 民事信託ならではの定め②受益者連続信託、その活用法は？ ·····46

3章　民事信託の機能

Q1 信託の機能とは？　信託でしか実現できないメリットはありますか？ ··50

Q2 遺言、後見、任意代理等、他の仕組みとの違いは何ですか？ ·····54

Q3 さまざまな仕組みの組合せにはどんなものがありますか？ ······61

4章　受託者の権限と義務

Q1 受託者の権限にはどのようなものがありますか？ ···········66

Q2 受託者の義務はどのような、どの程度のものですか？ ·········69

Q3 受託者は、どのように選んだらよいですか？ ————————— 74

Q4 家族以外の法人は、受託者になれますか？ ————————— 76

5 章　受益者の権限等

Q1 受益者の権利には、どのようなものがありますか？ ————— 80

Q2 受益者の負担には、どのようなものがありますか？ ————— 83

6 章　委託者の権限と地位

Q1 委託者の権限はどうなりますか？ ——————————————— 86

Q2 信託契約の設計において、委託者の権限について注意すべきことはありますか？ ————————————————————————————— 88

Q3 委託者の地位は承継（移転）されるのですか？ ————————— 90

7 章　信託関係人の役割等と活用

Q1 信託監督人とは、どんな役割、権能、義務があり、どんな場面で活用しますか？ ————————————————————————————— 94

Q2 受益者代理人とは、どんな役割、権能、義務があり、どんな場面で活用しますか？ ———————————————————————————— 96

Q3 信託監督人か受益者代理人のいずれを、どのような場面で活用すればよいのですか？ ————————————————————————— 98

Q4 信託当事者のいずれかの者に法定後見人が就いた場合、信託関係人と後見人はどのような関係になりますか？ ————————————— 100

8 章　信託条項に定めるとよい事項

Q1 信託契約書は公正証書にしなければなりませんか？ —————— 104

Q2 金融機関と取引をすることを考えると、どのような条項を信託契約書に定めるとよいですか？ ————————————————————— 106

Q3 民事信託の契約条項のうち、信託の有効な成立に関するもののチェッ

クポイントは何ですか？ ……………………………………………………… 110

Q4 金融取引の有効性・適切性に関係する民事信託の契約条項は何ですか？ … 116

Q5 金融機関への悪影響、悪評判を招くおそれのある民事信託の契約条項
のチェックポイントは何ですか？ ……………………………………… 120

Q6 受益者・委託者保護の視点から信託契約条項に定めるとよいものは何
ですか？ ………………………………………………………………… 124

⑨ 章 口座開設、融資取引とその留意点

Q1 金融機関は、顧客から民事信託についての問合せが来た時にどう対応
すればよいですか？ …………………………………………………… 132

Q2 金融機関は、顧客から民事信託についての聞き取りはどのように行え
ばよいですか？ ………………………………………………………… 134

Q3 法律専門家の関与を受けているとき、金融機関の職員としてはどのよ
うな対応をすればよいですか？ ……………………………………… 136

Q4 法律専門家が信託スキームを作成している間、金融機関としては何か
行うことはありますか？ ……………………………………………… 138

Q5 受託者専用口座を開設するとき、どのような手続きが必要ですか？ …… 141

Q6 受託者専用口座開設後はどのような管理をしますか？　また、一般の
口座と比して取扱いの範囲についてはどのような検討をしますか？ …… 142

⑩ 章 スキームの合理性とそのチェックポイント

Q1 民事信託のスキームを組み立てる際にどのような手順で行いますか？ … 144

Q2 民事信託のスキームを組み立てる際にはどのような点に注意するとよ
いですか？ ……………………………………………………………… 147

Q3 金融機関が、個人や中小企業オーナーに関わる民事信託預金口座の開
設や受託者への融資を取り扱う意義は何ですか？ ………………… 154

⑪ 章 設定から終了まで／必要な受託者実務

Q1 信託の設定から終了までに必要または起こりうる諸変更手続きはどの
ようなものですか？ …………………………………………………… 158

Q2 「Q1」のほか、信託が開始してから受託者が行う信託事務の手順と
その内容はどのようなものですか？ ······ 161

Q3 自社株式（譲渡制限付）を信託財産にする場合のポイントは何ですか？
······ 165

Q4 不動産を信託財産にする場合に、受託者が行う設定、管理、終了まで
の信託事務のポイントは何ですか？ ······ 167

12章　民事信託と他のスキームの活用

Q1 商事信託はどのようなもので、民事信託とはどう違うのですか？ ······ 172

Q2 民事信託または、死因贈与や負担付遺贈を選択するポイントはありま
すか？ ······ 175

Q3 信託契約と一緒に利用を検討した方がよい手続きは何ですか？ ······ 177

Q4 民事信託に生命保険は活用できますか？　また生命保険信託とは何で
すか？ ······ 180

Q5 民事信託は証券会社の上場株式、投資信託等の有価証券にも利用でき
ますか？ ······ 184

13章　課税・手続きの概要と留意点

Q1 信託に関する税制はどのようになっていますか？ ······ 188

Q2 受益者等課税信託の設定から終了までの課税関係の概要はどのように
なっていますか？　自社株信託ではどうですか？ ······ 193

Q3 受益者等課税信託では、受託者の税制上の必須の実務にはどのような
ものがあるのでしょうか？ ······ 204

Q4 受益者等課税信託の税制上の取扱いにおいて注意しなければいけない
主な論点はどのようなものでしょうか？ ······ 207

Q5 信託銀行等の教育資金贈与信託（改正後）と民事信託の扶養型信託、
暦年の扶養義務の履行の違いは何ですか？ ······ 216

14章 信託登記の概要と留意点

Q1 不動産を信託する、または事後的に追加信託するための登記申請手続きはどうするのですか？ ………………………………………… 222

Q2 信託登記されたか否かはどこを見ればわかりますか？ ………………… 225

Q3 信託登記申請手続きの意義は何ですか？ …………………………………… 228

Q4 信託期間中に登記の記載事項の変更の事情が生じた場合はどうするのですか？ また、どのような登記申請が必要となる場面が想定できますか？ ……………………………………………………………………………… 229

Q5 民事信託が終了した場合、不動産を引き渡すにはどのような登記申請手続きが必要ですか？ ………………………………………………………… 231

15章 ニーズごとの基本スキームと条項等のポイント

Q1 民事信託はどのようなニーズに活用されていますか？ ………………… 234

Q2 老後の自宅資産の活用を支援する民事信託にはどのような事例がありますか？ ………………………………………………………………………… 236

Q3 老後の収益資産の活用を支援する民事信託にはどのような事例がありますか？ ………………………………………………………………………… 239

Q4 障がい者の将来支援を目的とする民事信託にはどのような事例がありますか？ ………………………………………………………………………… 242

Q5 次世代への資産承継と将来の資産活用を支援する民事信託にはどのような事例がありますか？ …………………………………………………… 245

Q6 相続の発生が想定外な順序になる可能性を解決し、資産の分散化防止のための民事信託を活用することはできますか？ ………………………… 249

Q7 多数の土地共有者の資産管理・運用を目的とした民事信託にはどのような事例がありますか？ ……………………………………………………… 252

Q8 高齢な会社経営者の株式承継対策としての民事信託にはどのような事例がありますか（株価が高い場合）？ ……………………………………… 256

Q9 現役の会社経営者が事前に行う株式承継対策として民事信託を利用するにはどのような事例がありますか（株価が低い場合）？ ……………… 258

コラム ▶財産が少なければ揉めない？ …………………………………………… 53

1章

信託の古今東西

信託の起源は何ですか？

A1 信託は良くもまた悪くも利用することができます。信託の本質、真髄は信認義務（fiduciary duty）です。

解 説

1 信託の本質、真髄

　信託は柔軟です。それゆえ、信託を利用する人の意図によっては良くもまた悪くも利用することができます。信託の本質、真髄は信認義務（fiduciary duty）です。歴史はそれを物語っています。

　信託は、委託者がある目的を実現するためにその財産を受託者に信託し、受託者は委託者との信認関係に基づきその実現に向けて多くのしかも重い義務を果たしながら財産を管理する制度です。金融機関の担当者またはFPの皆様も信託に関わるに際してはこの義務を常に念頭に置き、その信託が当事者の信認（信頼）関係に基づくものであり真に受益者のためになっているかを見極めることが重要です。

2 信託の歴史

　信託の起源は中世のイギリスにあるといわれています。

　イギリスでは13世紀頃、信託の起源となるユース（USE）制度がすでに一般に普及していました。ユースとは「使う」という意味ではなく、「誰々のために」というラテン語が語源となっているといわれています。すなわち、「誰々のために」財産を所有するという意味です。十字軍に参加する騎士が残された家族のために自分の財産（主に土地）を信頼できる友人等に託して出征したという話は有名です。また、聖フランシスコ修道会は土地を直接所有

することが禁止されていたため、その信者はユースを利用することで教会のために寄宿舎を寄進しました。信託は、まさに「家族のため」「社会のため」から始まったといえます。

しかし、14世紀頃ユースが慣習として普及するに伴い、受託者が委託者との約束に違反し財産を横領したり、また受益者に必要な給付をしないという事態が多く発生しました。

受益者が国王の裁判所に救済を求めても国王の裁判所は当初、普通法（コモン・ロー）では受託者が所有者であるという理由で受益者を救済しませんでした。しかし、15世紀頃になると、裁判所の大法官は正義（衡平法）に基づき「信託は信頼（トラスト）に基づいて設定されたのだから受託者はユース設定の際の条件に従って信託財産を管理、処分すべきである」として受益者を救済しました。これによってユースは法的に保護されるようになりました。

3　USEからTRUSTへ

ところがユースが法的に保護されると、今度は市民が当時の封建的な負担や課税を回避するための手段としてユースを利用することとなりました。すなわち、当時の封建制度の下では相続人がないと財産は領主に没収され、相続人がいても相続に際して多額の税金が課されました。そこで、市民はユースを利用することで、これらの負担や課税を回避しようとしたのです。

国王からすればこれらの行為は許されるべきものではなく、ヘンリー8世は「ユース禁止法」を制定し、受益者をコモン・ロー上の所有者とみなすとして、受益者に封建的負担や税を課しました。

すると市民は、受益者がその所有するとみなされた受託財産をさらにユースするというダブルユースを設定することで「ユース禁止法」の適用がないと対抗しました。いわば、「ユース禁止法」の不備をついたものといえます。

結局、封建制が衰退、崩壊するに伴い、衡平裁判所はダブルユースを承認し、その名も次第にユースからトラスト（TRUST）と呼ばれるようになり、信託は信頼を実現させるための社会制度の一つとして定着してゆきました。

当初アメリカで発展した信託は
どのようなものですか？

A2 アメリカの信託は商事信託の性格が強く、金銭さらに有価証券が信託財産となり、受託者は報酬を得るとともに、法人受託者が登場した点が特徴とされます。

1 アメリカの信託制度の特色

イギリスで発達した信託制度（トラスト）は、19世紀になるとアメリカに伝承されました。

アメリカに伝承された信託制度は当時の時代背景や市民のニーズを反映してイギリスの信託とは異なる独自の発展をとげました。

もともと、イギリスでは、信託は人と人との信頼関係を基礎にして設定されると考えられていたことから個人が受託者となり、受託者は無報酬で信託財産を管理運用するというのが原則でした。さらに、イギリスでの発展の沿革から信託財産は当時重要とされていた不動産であることがほとんどでした。

これに対して、アメリカは当時フロンティア開拓時代で、信託はそのための資金調達の手段として発達しました。すなわち、開拓者は開拓のための莫大な資金が必要となり、その資金を集める手段として信託を利用しました。他方、資金を出資する出資者は、開拓で得られた利益の一部を得ることを目的として出資しました。

その結果、アメリカでは、①信託は営業化、専門化し、営業信託として発展し、受託者は報酬を得るようになり、②信託される財産は、不動産から金銭へと拡大し、さらに有価証券の信託が発達しました。これは、個人の保有資産が、金銭よりも株式の方がはるかに多いという背景があったことも影響

しています。さらに③アメリカは移民の国で、周りに信頼できる知人、友人がいない場合も多く、地縁や血縁に頼ることができませんでした。このような事情を反映して、法人受託者が登場したことも特徴として挙げられます。

2　ビジネス・トラストの創造、発達

　アメリカにおける信託の特色としてもう一つ、ビジネス・トラスト（business trust）の創造、発達が挙げられます。

　これは、当時アメリカでは会社設立の手続きが煩雑であったことから、法人の形式を使うことなく、信託の形式を利用して企業経営それ自体を行ってしまおうという発想に基づいています。ビジネス・トラストは信託宣言によりすることが可能で、この信託宣言が株式会社の定款に相当します。受託者は受益者のために信託財産を所有し、それぞれの事業目的のために信託財産を管理運用し、その結果得た利益を受益者に配当します。これによって、受託者が取締役に相当し、受益者が株主に、さらに受益者の集会が株主総会に相当するものとして企業経営が可能となりました。

3　企業結合の代名詞としてのトラスト

　その後、信託はその便利さのゆえに、企業結合の一手段としても利用されました。

　すなわち、複数の会社の株式の議決権を同一人に信託することで、形式上は別会社であっても実質的に1人が企業グループを支配することが可能となりました。その結果、トラストは企業結合の代名詞ともなり、信託の形式をとらないものも含め広く企業合同がトラストと呼ばれるようになりました。その中でも度を越した企業合同については企業の独占につながるとして独占禁止法によってカルテルやコンツェルンとともに禁止されるようになりました。当時のシャーマン法等一連の独占禁止法が「反トラスト法」といわれるのもこのような経緯によるものであり、これは信託が反社会的な形で利用された例であり、悪いものとしてトラストの名が残った1つの例といえます。

現在アメリカで活用される信託は
どのようなものですか？

A3 現在アメリカでは、プロベイト（Probate）という相続手続きを回避するために信託が広く一般に利用されているという特徴があります。

解 説

1 生前信託

アメリカの相続制度（Probate）は日本のような包括的な承継制度ではなく清算主義です。

それゆえに、プロベイトは相続財産だけでなく、相続人、相続債権者を確定し、その債務を清算した後でその残った財産を相続人等に分配するという手続きとなっています。さらに、他のコモン・ロー諸国と同様にアメリカには、日本のような戸籍制度がないため、相続人の確定に時間を要し、プロベイトの手続きが終了するまでに数年かかることもめずらしくなく、相続人にとっては時間だけでなく費用の面も含め負担が大きいものでした。

しかも、プロベイトは裁判手続きですので一般に公開されるために、被相続人や相続人の身分関係、さらに被相続人の財産関係が一般に公開され、プライバシーが侵害されてしまいます。

そこで、多くの資産家は、このプロベイトの手続きによることを回避し、自己の財産を自分の望む者に承継させるために信託したといわれています（生前信託＝Living Trust）。この意味で、当初アメリカでの民事信託は富裕層向けの信託であったといえます。

2 撤回可能生前信託

この生前信託は、Revocable Living Trust（撤回可能な生前信託）といわ

れ、declarationという信託宣言により簡単に設定することができます。ただ、この生前信託は、州法によっても異なりますが、生前に「トラスト合意書」(Trust Agreement)」に委託者のみが署名することで成立し、しかも、委託者の生存中は委託者が信託財産を自己の財産として管理、処分できるという点で、さらに、信託財産は信託成立時に存在する必要はなく、委託者の遺言によって信託に組入れることができるという点で、かなり柔軟なものとなっています。そのため、アメリカでは信託と遺言がほぼ必ずと言ってよいほどワンセットで活用されています。

この撤回可能生前信託は当初、エステイト・プランニング（遺産をどのように管理し承継させるかを計画すること）の一内容として提唱されたものの、懐疑的に見ていた人もあり、それほど普及しませんでした。

その後、ノーマン・デイシーが「いかにProbateを回避するか」という著書を出版しそれがベストセラーとなり、この撤回可能生前信託がProbateを回避するための有効な方法であることがアメリカ全土に広まったという経緯があります。

古くは裁判でその有効性が争われたこともありましたが、1955年にイリノイ州の最高裁判所でその有効性が認められていたこともあり、この撤回可能生前信託は全米に普及していきました。

3　マイケル・ジャクソンの信託

最近の生前信託では、マイケル・ジャクソンの信託が有名です。マイケル・ジャクソンは、生前に「MICHAEL JACKSON FAMILY TRUST」を設立し、数億ドルともいわれる遺産を遺言により信託財産に組入れました。その信託財産から弁護士費用や自己の未払いの医療費、葬儀費用等を支払った残額の50％を「MICHAEL JACKSON CHILDREN'S TRUST」に分配し、マイケル・ジャクソンの3人の子どもたちが均等に受益できるようにしました。また、その残りを「KATHERINE JACKSON TRUST」に分配し、母親キャサリンが受益者とされました。

日本の信託は古くはどのようなものでしたか？

A4 日本においても昔から信託的な発想があったといわれています。

1 空海から新島襄まで

　①9世紀には空海が、貴族の藤原三守から土地建物を託され、当時の高等教育機関である「綜芸種智院」を創設し、庶民に教育を施したという記録があります。また②16世紀に織田信長が、洛中、洛外の田畑から段別米を徴収し、それを京都の商人に預託し、それによって得られた収益米を京都御所の皇族に収めたという話もあります。

　さらに③加賀藩は、大坂冬の陣で亡くなった藩士を供養するために寺に寄進した米を運用し、その運用益を供養料や手数料とするよう商人に申し渡したという記録もあります。④天保4年の飢饉の際、191人の商人が資金を出し合って「秋田感恩講」を設置・管理しました。

　⑤1888年（明治21年）には、同志社大学を創設した新島襄が友人である土倉庄三郎に金300円を託し、妻八重の生活のために20年後に使ってほしいと頼んだという手紙があります。

　空海や織田信長、加賀藩は信託という言葉を知らなかったと思われますが、新島襄は1870年（明治3年）にマサチューセッツ州の大学を卒業しているので、信託制度を知っていたかもしれません。

2 信託二法の制定

　日本において信託という言葉が使われたのは明治時代に入ってからのことです。明治政府は、富国強兵・殖産興業のスローガンのもと先進資本主義諸

国の近代的な制度を日本に導入しました。

　その中、信託制度の導入の機運が高まり、日本で最初の信託会社といわれる東京信託株式会社が明治39年に設立されました。当時は、信託会社に対しての法規制がなかったので、大正10年には信託会社は488社に達したといわれています。しかし、その多くは不動産仲介、高利貸等不健全な会社だったといわれています。そのため、当時の大蔵省は信託業界を規制するために信託業法の制定に乗り出しました。他方、その規制の対象となる信託について明確な法的定義がなかったため、信託の一般的な法律を作る必要に迫られ、当時の司法省が大正11年に信託法を制定するに至りました。この信託二法により昭和16年には信託会社は21社にまで減少したといわれています。

　このように日本の信託は規制から始まったという悲しい歴史があります。信託を導入するのも、また信託を規制するのも、いずれも国が主導するものであり、信託に対する個人のニーズを実現するために自然発生的に成立したものではないという点が日本の信託の特徴であるといえます。

3　金融商品としての信託

　当時経営基盤の弱かった信託会社を銀行と合併させ、その経営基盤を安定させようという目的で、昭和18年に「金融機関ノ信託業務ノ兼営等ニ関スル法律」が制定されました。これにより昭和20年には専業の信託会社が7社、信託兼営銀行が11社となりました。

　さらに、インフレの進行や投資家の減少により信託会社は経営が悪化したため信託会社を救おうと、金融機関再建整備法が昭和21年に制定されました。これにより信託会社が銀行業務を兼営することができるようになり、前記の専業信託会社のうち6社が信託銀行に転換しました。

　このように、日本における信託は金融政策に大きく影響を受け、財産管理のための制度というよりも貸付信託や投資信託に代表される金融商品として資金集めのために活用されているという特徴があるといえます。

日本の現代の新しい信託の特徴は どのようなものですか？

A5 受託者義務の任意法規化、受益者保護の強化、新しい類型の信託の導入が挙げられます。中でも民事信託、特に福祉型信託が注目を浴びています。

解説

1 新旧信託法の差異

旧信託法は、前述のように大正11年に信託業法と同時に制定されました。その目的は信託業者を取り締まるためでした。それゆえに、旧信託法は取締法規の意味合いが強く、強行規定が数多くありました。

しかし、現代では信託に対するニーズも多様化・複雑化し、これに対応するためには柔軟性が必要であることから、商事信託においても任意法規的な信託法への改正が望まれました。

そのような中、平成16年に、法務大臣から法制審議会に対して信託法の現代化に関して諮問がなされました。その内容は「現代社会に広く定着しつつある信託について、社会・経済情勢の変化に的確に対応する観点から、受託者の負う忠実義務等の内容を適切な要件の下で緩和し、受益者が多数に上る信託に対応した意思決定のルール等を定め、受益権の有価証券化を認めるなど、信託の現代化を図る必要があると思われるので、その改正要綱を示されたい」というものでした。

2 新信託法の特徴

新信託法は、この諮問を反映し、①受託者の義務に関する規定を任意法規化する点、②受益者の権利を保護し、さらにその保護を強化する点、③新しい信託の類型を導入した点の3点がその特徴として挙げられます。

　信託法の改正にあたってはアメリカの「統一信託法典」（Uniform Trust Code）が参考にされ、①②③は「統一信託法典」と類似する点といえます。

　①の具体例としては、受託者の忠実義務を任意法規化すること、分別管理義務を任意法規化すること、さらに信託事務の自己執行義務を大きく緩和することなどがあります。②の受益者の権利の保護・強化としては、受益者が複数の場合の受益者集会の整備、信託監督人・受益者代理人制度の創設があります。③には、受益証券発行信託、限定責任信託、目的信託、自己信託等が挙げられます。ただし、民事信託においては受託者義務を無防備に軽減または緩和することは危険であるとの主張もあります。

3　福祉型信託の登場

　新信託法ではこの他に新しい類型として、信託法の明文規定にはありませんが、福祉型の信託が近時注目されています。

　これは、平成18年改正信託法の審議の際に衆参両議院の法務委員会でなされた附帯決議の中に登場します。たとえば衆議院では「来るべき超高齢化社会をより暮らしやすい社会とするため、高齢者や障害者の生活を支援する福祉型の信託について、その担い手として弁護士、NPO等の参入の取扱い等を含め、幅広い観点から検討を行うこと」としています。ここにいう「福祉型の信託とは、年少者、高齢者あるいは知的障碍者等を受益者として財産の管理や生活の支援等を行うことを目的とする」もの（寺本256、316頁）をいいます。これまで信託は財産管理を目的とする制度であるという点について疑問は持たれませんでしたが、福祉型の信託ではそれにとどまらず年少者、高齢者等の生活の支援をも目的とするものである点で身上監護の色合いが加味されるものとなりました。高齢社会が進むなか、今後福祉型信託の活用が期待されています。

　新信託法とUTCが類似する点として、特に民事信託を想定した規定が採用されています。受益者の指定・変更権（信託法89）、遺言代用信託（信託法90）、後継ぎ遺贈型の信託（信託法91）等が挙げられます。

アジア（大陸法）では信託法が制定されていますか？

A6 アジアの諸国でも信託法は制定されています。イギリスやアメリカの信託が伝承され、それぞれの国の社会経済事情により独自の発展をしています。

解 説

1 台湾の信託

信託発祥の地であるイギリスでは市民のニーズを達成するために信託が自然発生的に成立したのに対して、アジアではそれぞれの国の事情で信託が利用されているため、それぞれの国の社会、経済事情により独自の発展をしています。

台湾では、1996年に信託法が、2000年に信託業法が制定されています。営業信託には信託法だけでなく信託業法が適用され、営業信託でない民事信託には信託法のみが適用される点は、日本の信託法制と同じです。

台湾の信託は、基本的には日本と同様、金融商品として活用されたという性質が強いとはいうものの、民事信託としても利用されています。たとえば、子女保障信託や身体・精神障がい者信託が挙げられます。子女保証信託というのは、子女の教育、生活または起業のための資金を蓄えられるだけでなく、幼年受益者の財産を保全し、子女の成長段階でのニーズに応じて信託利益の給付を受けることをも可能とするものです。また、障がい者には毎年1人あたり220万台湾ドルの贈与税免除があるものの、他の課税優遇措置はないことから身体・精神障がい者信託の設定が推奨されています。

また、台湾ではペットを飼うことが非常に流行していることを反映し、ペット信託が流行しています。ペット信託では受益者は誰かという問題があり

ますが、台湾では法律的にもクリアされているようです。

2　韓国の信託

韓国では、1961年に信託法が制定されています。

当時は商事信託が普及しましたが、信託法は無償を前提としている点で商事信託に対応していないとの批判がありました。それを反映し2011年に全面的に改正され、商事信託に対応するとともに限定責任信託、受益証券発行信託、信託宣言、受益者連続信託等が新設され、商事信託的な利用が進みました。

3　インドの信託

インドの信託法は、1880年に公布され、1882年に施行されています。

イギリスがインドを統治するという目的を達成するために、インドにおいて法律を統一して制定することの必要性があったことがきっかけで制定されています。その後インドは1949年にイギリスから独立し、独立前の信託法は今日も効力をもっています。

4　中国の信託

中国では、2001年に信託法が制定されました。

中国信託法の最大の特徴は、委託者から受託者への財産（権）の移転を信託成立の要件としていない点です。他の国々では、信託の要素として財産（権）の移転が必要であるという認識が共有されているのと大きく異なります。中国信託法はその後改正されることなく現在も維持されています。

5　その他諸国の信託

以上の諸国に対して、香港、シンガポールでは、信託をオフショア信託あるいはオフショアビジネスとして、自国から自国外へ、また自国外からの自国への投資を活性化するために積極的に活用しようとする特徴が挙げられます。

特に、香港では、自国外から自国に動産が信託された場合には、委託者の国で保護される遺留分を香港国内では保護しないという立法をし、自国への投資を進めています。

このように歴史を概観するに、信託は社会・経済の活性化にとても役立っていますが、他方で租税を回避するため、あるいは当時の社会制度を潜脱するためにも利用されたという事実を忘れずに信託に関わることが重要です。

信託の古今東西　年表

イギリス	アメリカ	日本	
		●空海「綜芸種智院」設置	9世紀
●十字軍 ●ユース制度			11世紀
●フランシスコ修道会			13世紀
			15世紀
●1536年ユース禁止法 ●ダブルユース		●信長、段別米徴収	16世紀
		●1614年加賀藩、米預託	17世紀
●産業革命	●フロンティア開拓 ●1776年独立宣言		18世紀
	●法人受託者登場 ●ビジネストラスト ●1890年反トラスト法	●「秋田感恩講」 ●1868年明治維新 ●1888年新島襄、300円預託	19世紀
	●信託会社の台頭 ●1965年「いかにProbateを回避するか」	●信託会社の登場 ●1922年信託法・信託業法の制定	20世紀
	●2009年マイケル・ジャクソン死去	●2006年信託法の改正	21世紀

2章

民事信託スキームの基本

よくある民事信託はどんな仕組みですか？

A1 賃貸不動産管理を信頼できる長男に任せる「賃貸不動産管理信託」を例に、民事信託の基本用語とともに、ご紹介します。

●父のニーズ

最近衰えを感じ始めたため、所有している賃貸不動産の管理を信頼できる長男に任せつつ、賃料収入から生活費等を給付してもらい、自身亡き後は、長男に残余の財産を承継させたいとの例で説明します。

●信託スキーム全体の概要

・委託者兼受益者：父

・受託者兼帰属権利者：長男

・信託財産：賃貸不動産、金銭

・信託目的：賃貸不動産の管理・安定した生活の維持と、円滑な財産の承継

・信託終了事由：父の死亡等

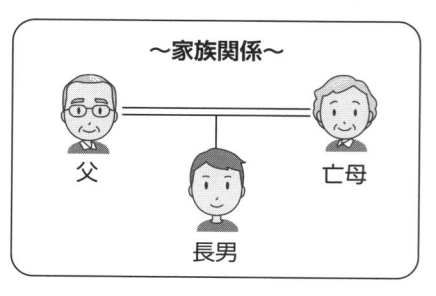

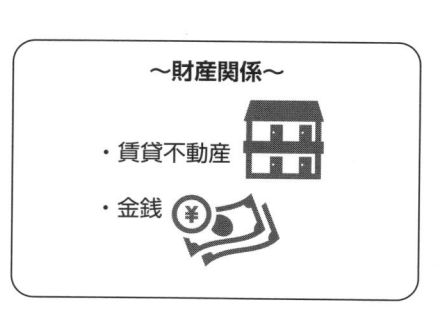

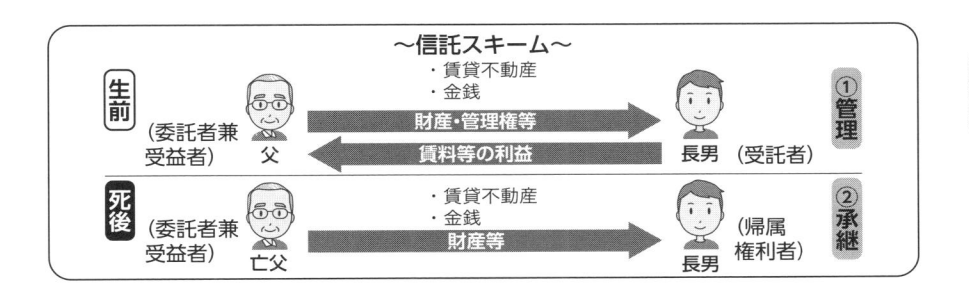

1　信託とは？

「信託」とは、契約等により、特定の者が一定の目的に従い財産の管理または処分およびその他の当該目的の達成のために必要な行為をすべきものとすることをいいます（信託法2①）。

つまり、前述の具体例でいえば、

①父（**委託者**）の財産（賃貸不動産・金銭）を、信託契約により、

②信頼できる長男（**受託者**）に託し、

③父（**受益者**）および将来の受益者のために、

適切な財産管理、安定した生活維持のための給付と円滑な承継という信託目的に従って、

　ア　生前の財産管理・処分のみならず、

　イ　死後の財産承継もできる、財産の管理承継の手法です。

2　信託の主な登場人物（信託の当事者）

信託に関わる登場人物としては、

信託の当事者（＝信託行為の当事者（①委託者＋②受託者）＋③受益者）のほかに、帰属権利者、そして信託監督人、受益者代理人等がいます。

ここでは、信託の当事者等について説明します。

①**委託者**：財産を託す人であり、信託をする人です（信託法2④）。前述の具体例でいえば、父です。委託者が、どのような目的で、誰に、どの財産について、いかなる方法によって管理等を託すかを信託契約等の信託行為に定

めることで、信託の内容が決まってきます。

②**受託者**：委託者の財産を託される人です。前述の具体例でいえば、長男が、委託者である父の目的を実現させるために、信託行為の定めに従って、信託財産の管理・処分を行います（信託法2⑤）。

③**受益者**：委託者が信託した財産から生じる利益を受け取ったり、これを確保するために受託者等に一定の行為を求めることができる人です（信託法2⑥）。これらの権利を受益権といいます（信託法2⑦）。

前述の具体例でいえば、父です。受益者は、信託した賃貸不動産の賃料を受け取った受託者である長男に対し、自分の生活費分の給付を請求したり、必要に応じて信託事務処理状況についての報告を請求したりすることができます。

なお、委託者の死亡等による信託終了時には残った財産を長男が取得すると信託契約で定められていた場合、信託行為の定め方により、この長男の立場は、以下の2種類に分かれます。すなわち、第1に、信託存続中（終了前）から残余財産の給付や監督権能等も含めて受益者としての権利を有する**残余財産受益者**（信託法182①一）になる場合と、第2に、信託存続中は受益者ではなく、受益者としての監督権能等も有しないものの、信託行為において残余財産の帰属すべき者となるべき者として指定された**帰属権利者**になる場合〔信託法182①二〕とに分かれます。信託の存続中（終了前）においても、前述のような受益者としての権利を認めるかどうかが違いのポイントです。

3 信託の基本構造（自益信託と他益信託）

⑴委託者＝受益者（自益信託）

前述の具体例でもそうでしたが、民事信託の実務では、委託者＝受益者、つまり、委託者が自身の財産を信託しても、賃料等相当額の利益は引き続き委託者自身が受け取る、**自益信託**が多く用いられています。

⑵委託者≠受益者（他益信託）

これに対して、委託者≠受益者、たとえば、信託をする委託者は夫である

ものの、利益を受ける受益者は妻という他人にする場合を、**他益信託**といいます。ただ、この場合には、信託した際に利益が移転したものと考えられ、贈与税等が課税されうるので、税理士に相談するよう委託者に注意を促します（13章参照）。

4　信託した場合の効果とポイント

主に、以下の4点が重要です（3章Q2参照）。

①財産権の移転（委託者の相続財産にもならない）

信託の場合、所有権自体が委託者から受託者に移転します。不動産なら所有権移転の登記手続き等も行うことになります。また、委託者が死亡した場合にも、委託者の相続財産にはなりません。

②管理処分権の所在（受託者のみ）

財産権が移転することに応じて、信託の場合、原則として受託者しか管理処分できません。

③受託者が無権限で行った行為の効果（信託財産にも及びうるのが原則）

信託の場合、受託者が信託財産のために行為を行えば、権限がなくてもその効果は信託財産に及びうるのが原則で、例外的に権限違反行為の取消しがされうるにとどまります（信託法27）。

④委託者死亡時の効果（原則終了とはならず、財産管理継続可能）

信託の場合、委託者が死亡した後にも基本的には存続し、引き続き受託者において財産管理を継続することにはなんらの問題もなく、委託者の継続したいという意思も貫徹することができます。

5　信託の成立要件、効力を生じさせるには？

信託の設定方法には、①契約信託、②遺言信託、③自己信託の3種類がありますが（本章Q2参照）、たとえば、①契約信託の場合、委託者となるべき者と受託者となるべき者との間の信託契約の締結だけで信託は有効に成立するという諾成契約となっています（信託法4①）。

もっとも、信託の効力を有効なものとするには、信託する財産自体もきちんと受託者へ移転するのはもちろんのこと、受託者において信託契約等の定めに従って管理処分行為を行わなければならず、そうでなければ、通謀虚偽表示（信託する意思はなかった）などとして無効とされるリスクがあります（民法94①）。

> 参考裁判例　名古屋高等裁判所金沢支部平成23年4月27日判決※
> 事案：不動産管理処分信託契約を締結し、信託不動産につき所有権移転登記
> 　　　および信託登記が経由されたものの、受託者において、信託契約書に
> 　　　規定されている内容に則って、受益者のために、収益を得ようとし、
> 　　　あるいはその他信託不動産の保存、利用および改良等の管理行為を行
> 　　　おうとした形跡がうかがえなかった事案
> 判決：信託契約を締結する旨の合意は、民法94条1項の通謀虚偽表示として
> 　　　無効

※ 税務訴訟資料（徴収関係判決）平成23年順号23－29

　また、その他、

①公序良俗による制限（民法90）

②脱法信託の禁止（信託法9）：法令によりある財産権を享有することができない者は、その権利を有するのと同一の利益を受益者として享受することができない

③訴訟信託の禁止（信託法10）：信託は、訴訟行為をさせることを主たる目的としてすることができない

④詐害信託の取消し、否認等（信託法11、12）：強制執行逃れのために信託をするなど、債権者を害するような信託は、取消し等がされうる

にも留意しつつ、有効な信託を成立させることが重要です。

6　信託目的の機能とは？

　信託目的には、2つの重要な機能があります。

> ①受託者が信託事務を行ううえでの指針となり、
> 　その権限の外延を画する機能
> ②信託の存続可能性を判断する際の基準としての機能

　そのため信託目的の定めは、たとえば、

　①受託者の行為指針として、信託目的達成のために必要となる受託者の権限の範囲はどこまでか（信託法26）、あるいは、

　②どのようなことが起きると、信託目的達成不能として信託が終了するのか（信託法163一）

　などにも影響してくるため、不明確な点があると、トラブルになる要因にもなりかねません。そのため、信託目的がどのように定められているのかは、受託者だけでなく金融機関も含めた利害関係者にとっても非常に重要です（8章Q3参照）。

信託の設定方法にはどんなものがありますか？

A2 信託の設定方法としては、①契約信託、②遺言信託、③自己信託の3種類があります。

解 説

1 契約信託（生前契約、遺言代用信託契約（本章Q6参照））

委託者と受託者との契約によって信託を成立させ、契約と同時または速やかに委託者から受託者に信託対象財産を移転させる方法です。民事信託の実務では、最も一般的な方法です。

2 遺言信託

遺言により信託を成立させる方法です。遺言ですから、効力は死亡によって発生するもので、信託の内容が委託者の死亡後に実現される設定方法です。この効力発生時期に関連する留意点は、本章Q3を参照してください。

なお、銀行実務でいう業務としての「遺言信託」（遺言についての事前の相談から遺言書の作成、遺言書の保管、財産に関する遺言の執行といった業務）は、ここでいう信託法にいう遺言信託とは無関係です。

3 自己信託

委託者が自己の財産について、今後は信託財産として別扱いする旨宣言するという信託宣言をすることにより、信託を成立させる方法です。

日付を遡らせるといった偽造の防止の観点から、前述の**1**、**2**とは異なり、方法として公正証書等によることや、これらに記載しておかなければならない事項が法定されています（詳細は以下の表のとおりです）。

　公正証書以外の方法としては、①公証人の認証を受けた書面もしくは電磁的記録や、②受益者となるべき者として指定された第三者に対する確定日付のある証書により当該信託がされた旨およびその内容の通知があります。

　しかし、自己信託は、法定要件事項が定められ、厳格な要式性が求められるのですが、それ自体自分で自分に信託するという特異な法律行為であることからすれば、金融機関としては、本人の判断能力および真意の確認を行ったうえで作成される公正証書によって設定された自己信託のみを受け付けることが好ましいでしょう。

信託の種類	信託の方法	信託法
契約信託	特定の者との間で、当該特定の者に対し財産の譲渡、担保権の設定その他の財産の処分をする旨ならびに当該特定の者が一定の目的に従い財産の管理または処分およびその他の当該目的の達成のために必要な行為をすべき旨の**契約を締結する方法**	2②一 3一 4①
遺言信託	特定の者に対し財産の譲渡、担保権の設定その他の財産の処分をする旨ならびに当該特定の者が一定の目的に従い財産の管理または処分およびその他の当該目的の達成のために必要な行為をすべき旨の**遺言をする方法**	2②二 3二 4②
自己信託	特定の者が一定の目的に従い自己の有する一定の財産の管理または処分およびその他の当該目的の達成のために必要な行為を自らすべき旨の意思表示を**公正証書その他の書面または電磁的記録**（電子的方式、磁気的方式その他人の知覚によっては認識することができない方式で作られる記録であって、電子計算機による情報処理の用に供されるものとして法務省令で定めるものをいう。）で当該目的、当該財産の特定に必要な事項その他の法務省令で定める事項を記載しまたは記録したものによって**する方法** ※　法務省令で定める事項 一　信託の目的 二　信託をする財産を特定するために必要な事項 三　自己信託をする者の氏名または名称および住所 四　受益者の定め（受益者を定める方法の定めを含む。） 五　信託財産に属する財産の管理または処分の方法 六　信託行為に条件または期限を付すときは、条件または期限に関する定め 七　信託行為において定めた信託の終了事由（当該事由を定めない場合にあっては、その旨） 八　前各号に掲げるもののほか、その他の信託の条項	2②三 3三 4③ 信託法 施行規 則3

信託設定方法の選択ポイントは？

A3 生前の財産管理・有効活用の必要性、委託者自身での財産管理意思の有無、受託者のトラブルなき就任の可能性に照らして、環境変化の可能性等を考慮しつつ選択します。

解 説

1 生前の財産管理・有効活用が必要な場合（契約信託を検討するケース）

委託者のニーズが、生前の財産管理、生活費の給付、死後の財産分配・承継にある場合には、契約信託を選択することが良いでしょう。

契約信託であれば、生前から信託財産が受託者名義に移転するため、受託者による生前の財産管理・有効活用等が実現できるのみならず、死後の財産分配や承継にも一貫して対応できます。

2 生前の財産管理・有効活用は不要であるものの、遺言では不可能な死後分配・承継のみのニーズがある場合（遺言信託を検討するケース）

この場合には、遺言信託とする選択肢が考えられます。しかし、以下の留意点があります。すなわち、遺言信託の場合、将来確実に委託者の意思を速やかに実現できるかについては、慎重に判断しなければなりません。たとえば、委託者の死後、その相続人から信託発効に伴う名義移転手続きを拒否されてしまうと、信託財産として管理するために必要な前提手続きができません。もちろん、遺言執行者を指定しておくことが必須ですが、専門職等に依頼する場合には、執行者報酬も必要になってきます（なお、相続法改正に伴う遺言による財産承継の不確実性リスクについては、本章Q6参照）。

さらに、遺言信託の場合、遺言において受託者となるべき者が指定されて

いても、信託の引受けは義務ではないため、その者を受託者とするためには、その者の承諾が必要となります（信託法5①本文）。したがって、受託者責任の重大性等（4章Q2参照）から、受託者となるべき者が信託の引受けを拒否することもあり得ます。この場合は、裁判所が、受託者を選任することになってしまいます（信託法6①）が、この選任は信託業法による制約等も考えると、現実的には容易でないものと思われます。そのため、確実かつ安定的に受託者事務を行い、委託者の意思を直ちに実現してもらえるよう、可能な限り、契約信託の手法によることが好ましいと考えます。

　なお、どうしても遺言信託を選択せざるを得ない場合には、協力が得られるか、妨害がないかを考えて、遺言執行者を指定しておくほか、受託者候補者に充分事前説明を行ったうえで、遺言の他に、委託者と受託者候補者との間で、信託を引き受ける義務を負い、受託者となる旨の事前承諾・契約を締結しておくことが考えられます。

　しかし、いずれにせよ、死後において一定の手続きを経て初めて受託者へ財産の名義が移転するため、実際に受益者に対して給付等を行えるようになるまでにはタイムラグが生じてしまうという点には注意が必要です。

3　自己信託を検討するケース

　委託者の判断能力低下時には財産管理問題が出てくるものの、可能な限り委託者自身が財産管理をしたいという意向があり、なおかつ、委託者の判断能力低下時や死亡時には新受託者へトラブルなく変更が可能と判断できるケースであれば、自己信託の検討もありうるでしょう。

　一般に、前述した契約信託を検討した場合、実務上1つ大きなポイントとなるのは、委託者の、財産名義・所有権移転に対する抵抗感です。

　契約信託が遺言信託と異なり、生前の財産管理にも対応できる理由は、所有権等の財産権自体が、委託者から受託者に移転するからです。ただ、委託者にこれを説明すると、名義移転等に難色を示す方が見受けられます。事前説明は重要です。リスクと効果の事前説明によって、信託の本旨：人を信じ

てすべてを託すことに納得を得られていないときは、無理に提案しないことです。費用をかけて信託公正証書まで作成したとしても、所有権移転登記や信託専用口座への送金手続きの段階でようやく事の重大さに気づいて抵抗感を持たれ、信託が頓挫してしまう、という結果にもなりかねません。

　そこで、可能な限り委託者自身が自己名義で財産管理をしたいという意思がある場合には、このニーズを踏まえつつも、前述のような新受託者へのスムーズな変更が現実的に可能かというリスクを確認し、この確信があれば、自己信託の検討もありうるところです。

信託の当事者には、どのような権利義務がありますか？

A4　信託の当事者である委託者、受託者、受益者の権利義務の概要は、以下のように分けられ、また、定められています。

解 説

1　委託者の主な権利（6章参照）

(1)信託の監視・監督的権能

　①委託者（信託設定者）としての権利

　・信託事務の処理の状況についての報告請求権（信託法36）

　・受託者の辞任に対する同意権（信託法57①）等

　②利害関係人としての権利

　・財産状況開示資料（信託計算規則4③）の閲覧謄写請求権（信託法38⑥）

　・新受託者に対する就任承諾の有無の催告権（信託法62②）等

(2)信託の基礎的な変更に関する権利（委託者（信託設定者）としての権利）

　・委託者の死亡の時に受益権を取得する旨の定めのある信託等における受益者変更権（信託法90①）

　・信託の変更の合意または受託者に対する意思表示（信託法149①・③一）

　・受益者との合意による信託終了権（信託法164①）等

(3)財産拠出者としての地位（委託者（信託設定者）としての権利）

　・信託終了時の法的帰属権利者（信託法182②）

　※その他、受託者の行った行為の結果等を是正するための受益者の権利について、信託行為において委託者にその権利を有する旨を定めることができる、以下の権利等があります（信託法145②）。

　　・利益相反行為の取消権（信託法31⑥⑦）

・帳簿等の閲覧等の請求権（信託法38①）

※また、委託者の負担としては、費用等の償還等に関する負担がありうるほか（信託法52①）、設定時に他益信託となる場合には委託者の当初信託財産の拠出義務が原則あると考えられています。

2　受託者の権利義務（4章参照）

(1)受託者の権利（管理処分権限）

信託財産に属する財産の管理または処分およびその他の信託の目的の達成のために必要な行為をする権限（信託法26）

(2)受託者の主な義務

①信託事務処理義務

②善管注意義務：善良な管理者の注意をもってこれをしなければならない

③忠実義務：忠実に信託事務の処理その他の行為をしなければならない

④公平義務：受益者のために公平にその職務を行わなければならない

⑤分別管理義務：信託財産に属する財産と固有財産および他の信託の信託財産に属する財産とを適切に分別して管理しなければならない

⑥信託事務を第三者委託している場合の選任・監督義務

⑦報告義務

⑧帳簿の作成義務等

3　受益者の権利と負担（5章参照）

(1)受益者の権利（信託法2⑦）

①経済的利益を受ける受益債権

②受託者の行為を監督する権利を行使したり、意思決定できる権利

(2)受益者の負担

①受益権の権利を自ら守るため、信託財産の不足時に必要となる信託終了回避のための事実上の費用負担（信託法52①）

②課税がある場合にはその納付義務

【信託の当事者の主な権利義務等】

信託の当事者	権利等	義務・負担
委託者	・信託の監視・監督的権能 ・信託の基礎的な変更に関する権利 ・財産拠出者としての地位	・費用等の償還等に関する負担 ・当初信託財産の拠出義務
受託者	・管理処分権限 （※信託行為の定め次第）	・信託事務処理義務 ・善管注意義務 ・忠実義務 ・公平義務 ・分別管理義務 ・信託事務を第三者委託している場合の選任・監督義務 ・報告義務 ・帳簿の作成義務等
受益者	・受益債権 （※信託行為の定め次第） ・監督権を行使したり、意思決定できる権利	・費用等の償還等に関する負担 ・課税がある場合にはその納付

Q5 信託の当事者以外の信託関係人には、どのような権利義務があり、どう組み合わせるのでしょうか？

A5 信託監督人、受益者代理人、指図権者の権利義務およびその組合せ例は、以下のとおりです。

解 説

1 信託の当事者以外の信託関係人とは？

　信託の当事者（＝信託行為の当事者（委託者＋受託者）＋受益者）以外の信託関係人としては、受益者保護関係人として、信託監督人、受益者代理人等がいるほか、その他の登場人物としては、指図権者もいます。

信託の当事者	●信託行為の当事者（①委託者＋②受託者） ●③受益者
その他の信託関係人	●信託監督人、受益者代理人、指図権者等

　受益者保護関係人は、いずれも、受益者の利益保護、受託者の監督を図るべき地位にあるとされるものです。なお、受益者保護関係人には、受益者が現に存しない場合に選任される信託管理人（信託法123①）も含まれますが、通常の民事信託では出てきません。そこで、ここでは信託監督人、受益者代理人のほか、指図権者についての概要を説明します。

2 権限

(1)信託監督人の権限

　信託監督人は、受託者を実効的に監督するために必要であるとして受益者に認められている権利、たとえば、信託事務処理状況についての報告請求権（信託法36）や、帳簿等の閲覧等の請求権（信託法38①⑥）等を、受益者の

個人的な利益を目的とした受益権の処分に関する権利を除いて、受益者とともに有し、受益者のために自己の名をもって行使することができます（信託法132①）。

(2)受益者代理人の権限

受益者代理人は、特定（複数可）の代理する受益者のために、代理人として当該受益者の権利に関して、受託者等の負う損失てん補責任等の免除を除いて裁判上または裁判外の行為をする権限を有します（信託法139①）。

(3)指図権者の権限

信託法上の規定はありませんので、信託業法65条に準じて、信託行為によって受託者は信託財産の運用等について指図権者からの指図に従うべき旨を定めておくことで、指図権者は受託者に指図する権限を有します。

3 義務

(1)信託監督人・受益者代理人の義務

いずれも①善管注意義務、②誠実公平義務を負います（信託法133、140）。ただし、誠実公平義務については、信託監督人はすべての受益者（受益者が1人は現に存するものの受益者のなかには不特定または未存在の者がある場合を含む。）ために権限を行使する一方、受益者代理人は「その代理する」特定の受益者のために、誠実かつ公平に権限を行使することになります。よって、たとえば受益者代理人は、特定の受益者への信託目的に従った給付が適切に行われているのかについて善管注意義務を負い、必要に応じて、受益者に代わっての権利行使を行います。

(2)指図権者の義務

指図権者が誰であるかによって、以下のとおり、異なるとされています（道垣内173頁）。

指図権者	義務内容
単独受益者	自己の利益のために指図権を行使するため、義務の観念不要
委託者	・受益者に対する善管注意執行義務・忠実義務 （ただし、尽くすべき注意の水準は軽減される）
第三者	・委託者に対する委任契約上の債務 ・受益者に対する善管注意執行義務・忠実義務

4　組合せ選択のポイント

⑴受益者自身による権利行使の制限

　受益者代理人が存するときは、当該受益者代理人に代理される受益者は、監督権限等いくつかの例外を除いて、その権利を行使することができないことになります（信託法139④）。そこで、受益者が、受益者の権利を自身で守るために、受益者のライフプランや状況に応じて権利行使をしたい場合には、監督機能を確保する手段としては受益者代理人ではなく、信託監督人を定めておくことが考えられます。

　他方で、受益者の判断能力に問題が生じうる等、受益者自身による適切な権利行使が期待できない場合には、後見開始の審判確定等の後には受益者代理人による権利行使ができるよう、停止条件を付けて受益者代理人を定めておくことが考えられます。

⑵裁判所による選任の可否

　受益者代理人については、裁判所により選任されることはありませんので、必要があれば、必ず信託行為で定めておく必要があります。

⑶権限の範囲（信託に関する意思決定にかかる権利）

　受益者代理人の権限には、信託に関する意思決定にかかる権利の代理権限も含まれています。

　これに対して、仮に、自己の権利として受益者の権利を行使する信託監督人に当初の信託の変更等、信託に関する意思決定にかかる権利をも特別に付与するとなると、これは受益権の変更にもつながりうるものであるため、こ

のような信託にかかる意思決定にかかる権利の行使を信託監督人に認める旨の信託行為の別段の定めは、受益者自身の権能がどのようになるのか、また、信託監督人はあくまでも受益者の全体の監督人であるため、受益者代理人との権利義務の違いはどうかなど、議論のあるところです。そこで、信託に関する意思決定にかかる権利を信託監督人に特別に付与する条項に対しては、金融機関としては慎重な対応が必要でしょう。

⑷受益者に後見人が選任される場合の留意点

　受益者に後見人が選任される場合、後見人が受益者の法定代理人として受益者の権限を行使することがあり得ます。この場合、受益者保護関係人の権限とも競合関係を生じますので、どのように対応するのが受益者のためになるのかを確認しておく必要があります。

⑸指図権者を活用するケース

　たとえば、今後の成長（株価上昇）が見込まれる中小企業の自社株について、①株価が低い今のうちに後継者に譲渡したい場合、受益者を承継者の長男とする他益信託として自社株の価値は早期に承継しつつ、②経営権は現経営者に残しておきたいのであれば、現経営者を指図権者として定め、現経営者が議決権行使の指図を行うことで引き続き会社の経営権を残しておく、というような活用方法が考えられます（15章参照）。

民事信託ならではの定め①遺言代用信託、その活用法は？

A6 遺贈に近い法律効果をもたらすものの遺言や死因贈与とは異なる、遺言代用信託の活用についてご紹介します。

解 説

1 遺言代用信託とは？

遺言代用信託とは、信託から給付を受ける権利を取得する受益者（受託者死亡後受益者）について、

①「委託者の死亡の時に受益者となるべき者として指定された者が受益権を取得する旨の定めのある信託」

または

②「委託者の死亡の時以後に受益者が信託財産にかかる給付を受ける旨の定めのある信託」

をいいます（信託法90①一・二）。つまり、委託者の死亡によって、死亡後受益者が信託財産から給付を受けられる点では遺贈に近い法律効果をもたらすものの、遺言の要式ではなくあくまで契約で行う、遺言の代わりになる信託ということで、遺言代用信託です。

2 ニーズ

①相続手続きを待たずに、すぐに葬儀等のまとまった費用の支払いができるようにしたい（煩雑な相続手続きの省略）

②推定相続人間の仲が悪く、相続財産を勝手に処分してしまいそうな推定相続人がいる場合（相続法改正により遺言では不可能となった、確実な財産承継の実現）

3　具体的活用事例

(1)煩雑な相続手続きの省略

　たとえば、自身の子に財産を信託する信託契約を結び、委託者自身を自己生存中の受益者として定め、委託者の生前は自身のために金銭の給付をしてもらいつつ、委託者死亡後は、相続手続きを待たずにすぐに委託者の指定した家族へ、信託契約で定めた内容の金銭の給付（例：葬儀等のまとまった費用の支払い）を実現できます。

(2)確実な財産承継の実現

　確実に財産承継が実現できることも、遺言では不可能となった、遺言代用信託の重要なメリットです。

　なぜなら、相続法改正により、相続による権利の承継のうち、相続分を超える部分については対抗要件を備えなければ第三者に対抗できなくなり（民法899の2）、仮に遺言執行者がいても、遺言執行妨害行為禁止規定に違反した行為について善意の第三者には対抗できなくなったため（民法1013②ただし書）、せっかく遺言があっても、相続財産を勝手に処分されてしまうと、遺言での財産承継は不確実なものとなってしまったためです。

　この点、遺言代用信託であれば、被相続人となる委託者の財産を、生前に信託契約で受託者に移転しておくことで、前述のような勝手な処分は回避できます。もっとも、トラブルになる状況にある事案を民事信託で対応することや、また民事信託を悪用することはもってのほかですので、事案、内容を慎重に見極めて、コンサルすることが大切です。

民事信託ならではの定め②受益者連続信託、その活用法は？

A7 民法では不可能な後継ぎ遺贈型受益者連続信託の活用についてご紹介します。

1 受益者連続信託とは？

受益者としての地位が次々と変わっていく信託を、受益者連続信託といいます。そして、この受益者連続信託のなかでも、受益者の死亡により他の者が受益権を取得する信託を、後継ぎ遺贈型受益者連続信託といいます。

2 民法における遺言による後継ぎ遺贈の有効性と信託法による実現

東京高等裁判所平成28年10月19日判決（判例時報2325号41頁、金融法務事情2097号67頁）では、傍論ではありますが、「いわゆる後継ぎ遺贈（無効である。）」との判断が示されています。そのため、たとえば「①自分が亡くなった後には、長男に遺産を相続させる。その後、②子がいない長男が亡くなった後には、二男の子である孫に相続させる」といった遺言を書いても、民法上は無効と解されます。

これに対して、信託法91条は、受益者の死亡により他の者が新たに受益権を取得する旨の定めのある信託の特例を定め、民法上は有効性に議論のある後継ぎ遺贈と似た機能を、信託・受益権という法技術によって可能としています（条解476頁）。

3 活用方法（15章参照）
(1)親亡き後問題対応信託

①親亡き後は、障がいをもつ子のために財産を使い、

②子の死亡後は、面倒をみてもらった親族に残りの財産を取得させる。

⑵直系への承継信託

①自身の死亡後は長男に財産を承継するものの、

②長男には子がいないため、長男死亡後は二男の子である孫に取得させる。

⑶後妻との再婚と実子との調整のための信託

①自身の死亡後は再婚した後妻のために財産を使い、

②後妻死亡後は、後妻の家系ではなく、前妻との実子に取得させる。

⑷認知症配偶者の関与なき、遺産分割不要・承継信託

①信託財産は相続財産にならないため、自身の死亡後も、すでに認知症の配偶者を含めた遺産分割協議不要で自身の相続に伴う配偶者等に対する財産承継を実現しつつ、

②同配偶者死亡後の財産承継においても、委託者の意思を実現する。

3章

民事信託の機能

信託の機能とは？
信託でしか実現できないメリットはありますか？

A1 信託の独自的機能（転換機能）、これを分類したものとしての長期的管理機能（意思凍結機能、受益者連続機能等）、倒産隔離機能等があり、これらを生かした、遺言代用信託や、後継ぎ遺贈型受益者連続信託による財産管理承継は、信託でしか実現できない重要なメリットです。

解 説

1 信託の独自的機能（転換機能）

　信託の機能としては、信託は形式的な財産権帰属者と実質的利益享受者を分裂させるという特性を利用して、財産権ないし財産権者についての状況を、財産権者のさまざまな目的追求に応じた形、たとえば、財産権をさまざまな権利内容の受益権に転換するという「転換機能」があります。すなわちこれが、民法上の財産管理制度では実現不可能な、信託の独自的機能です。

　この信託の転換機能のうち主な機能、①長期的管理機能、②倒産隔離機能について説明します。

2 主な機能

長期的管理機能	●意思凍結機能　⇒　遺言代用信託 ●受益者連続機能　⇒　後継ぎ遺贈型受益者連続信託
倒産隔離機能	●受託者からの独立性 ●受託者からの独立性（信託財産の独立性）

(1)財産の長期的管理機能

　信託財産を長期間にわたって委託者の意思のもとに拘束する機能です。こ

の機能をさらに細分化したもののうち、主な機能は以下のとおりです。

①意思凍結機能

信託設定当時における委託者の意思を、委託者の意思能力喪失や死亡という主観的事情（個人的事情）の変化にかかわらず、長期間にわたって維持するという新井誠教授が整理された機能です。

活用方法としては、委託者によって信託開始当初に設定された信託目的に基づき、生前から死後に至るまで持続的な財産管理を実現する、遺言代用信託の活用が考えられます。

しかし、一方では、受託者主導型の財産囲い込み信託ともいうべき、撤回不能型遺言代用信託の悪用リスクも相当にあり、注意が必要です。なお、近時、父が二男に信託後トラブルとなり、信託契約の詐欺取消し、錯誤無効、債務不履行解除、信託の目的達成不能（信託法163一）、委託者兼受益者の意思による（同法164①）などの事由により終了した旨を主張して裁判となったケースもあります（東京地裁平成30年10月23日判決）。このケースでは、受託者との合意によって信託を終了することができる旨の条項を定めていたが故に、トラブルとなった相手方である受託者二男による終了の意思表示がない等として、委託者父自身が信託終了を希望しているにもかかわらず、終了が認められないという結論となってしまいました。金融機関としては、撤回不能とするような特段の意思の有無・状況を確認するなど、慎重な対応が必要です。

②受益者連続機能

委託者によって設定された信託目的を長期間固定しつつ、その信託目的に則って、信託受益権を複数の受益者に連続して帰属させるという機能です。

単なる日常的財産管理であれば、法的には成年後見制度でも対応可能である場合も多いですが、判断能力低下があったとしても、生前における次世代のための資産有効活用等の積極的資産運用ニーズがある場合など、すなわち2世代先にもわたる財産承継は、信託でしか実現できない仕組みです。

活用方法の具体例は、2章Q7記載のとおりです。

(2)倒産隔離機能

①倒産隔離機能とは？

信託財産が、委託者・受託者の倒産から隔離される機能です。

> 倒産隔離機能（独立性）の具体的内容
> ①　委託者からの独立性
> ②　受託者からの独立性（信託財産の独立性）

　このうち②信託財産の独立性について説明しますと、信託財産として受け入れる意思をもって引き受けた財産を受託者の固有財産から分別管理（信託法34、14）されれば、受託者個人の債権者は、信託財産への強制執行を行うことができず、仮に受託者が破産した場合であっても、信託財産は破産財団には組み入れられません（信託法25①）。

②インフラとしての信託専用口座の重要性

　ただ、法律論としてはこのように定まっていても、特に信託財産である金銭を、実際上も倒産隔離を実現すべく適切に分別管理するには、受託者が信託財産として扱う意思をもって（その意思を表示するため）、倒産隔離機能のある信託専用口座にて信託財産を管理できていなければなりません。

　たとえば、仮に金銭を管理する預金口座の肩書に「受託者」や「信託口」といった名称がついていたとしても、金融機関内部の扱いとしてはいわゆる屋号専用口座に過ぎないという扱いをされてしまうと、受託者固有財産となんらの区別なく名寄せされ差押え等を受け、信託財産であることを立証できないと絵に描いた餅になってしまいます。

　もちろん、この場合でも、本当は信託財産なのに間違って凍結されているわけなので、第三者異議の訴えという裁判を起こして（信託法23⑤、民事執行法38）、信託財産であると認められれば、取り扱う金融機関をはじめ第三者からも信託財産として扱ってもらえます。

　しかし、民事信託で予定しているような一般の方、非専門家にとって、信託財産であることを適切に説明し、あるいは裁判手続きを行うことには、大

きな負担を生じることになり得ます。

　よって、受託者にとっては、このような事態を未然に防ぐべく、信託専用
口座であることを明らかにし、適切に管理することが非常に重要になってき
ます。

コラム　財産が少なければ揉めない？

　相続トラブルというと、「遺産が何億円もある家族だけの話では？」
というイメージはありませんか？

　しかし、平成29年の裁判所司法統計によれば、遺産分割調停審判事
件のうち認容・調停成立件数は全部で7,596件ですが、そのうち、遺産
総額1,000万円以下だけでもなんと32％にものぼり、5,000万円以下
が43％ですので、遺産総額5,000万円以下のケースを合計すると、全
体の76％をも占めていることになります。

　このような死後の相続トラブルのみならず、近時は、遺産分割の前哨
戦として、本人の判断能力低下後、遠方の推定相続人が財産目当てで判
断能力の低下したご本人をけしかけ、すべて自身に相続させる遺言に書
き直させてしまうケースもあります。また、ここまでいかなくとも、浪
費が多い推定相続人主導のもと、財産管理能力の低下した本人の財産を
ATMの送金限度額ごとに反復送金させる例（ご本人の意思に基づくか
ははなはだ疑問です）も散見されます。

　このように、財産に対する権利意識が高まっていることや、遺産分割
の前哨戦リスクからすれば、今まで以上に、紛争予防のための適切な生
前対策が重要になってきます。

　信託も、組成しさえすれば良いというわけではありません。そもそも、
信託が生前対策になり得るかは（限界があり）個別の状況次第です。そ
のうえで、信託を組成する場合にも、その定めの内容と、受託者による
現実の適切な管理が重要になってきます。アドバイザー・金融機関とし
ては、このような視点も持って支援していくことが大切です。

Q2 遺言、後見、任意代理等、他の仕組みとの違いは何ですか？

A2 信託は、財産の名義移転を前提に、生前の財産管理から死後の財産承継まで一貫して行える柔軟な財産管理承継制度であるため、遺言、後見、任意代理とは、大きな違いがあります。

解 説

1 遺言との違い

視点	民事信託	遺言
生前の財産管理	・対応可能	・対応不可
後継ぎ遺贈	・2世代先への承継も可能	・財産の承継先は1代のみ
対象財産	・年金は不可 ・農地も原則不可	・基本的に全遺産。制限なし
心理的ハードル	・生前の財産管理から始める家族会議のきっかけに ・財産の名義変更？	・「死を想起させる」？ ・「縁起でもない」？
普及度	・まだまだ知らない人も？	・馴染み深い

(1)生前の財産管理問題の解決

　当然のことですが遺言は死後にしか効力を生じませんので、生前の財産管理対策にはなりません。そのため生前の財産管理に関しては、遺言とは別に、民事信託あるいは任意後見契約等により、フォローする必要があります（組合せ選択のポイントは本章Q3を参照してください）。

　また、たとえばご本人が認知症になり、第三者の専門職が成年後見人に選任された場合、預貯金口座特定遺言（例：A銀行の預金は長男、B銀行の預金は二男に相続させる）や不動産を対象とした遺言が作成されていることを

知らずに後見人が財産を処分してしまい、遺言の効力と解釈に問題が生じてしまうリスクもあります。たとえ専門職が後見人であっても、遺言を作成しているか調査する権限は与えられていないからです。

⑵民法上の遺言制度の限界（後継ぎ遺贈は民法上不可）

次に、民法上の遺言制度の限界としては、財産の承継先として決められるのは1代のみで、2代先までは決められないことがあげられます。

信託であれば、後継ぎ遺贈型受益者連続信託の活用により、2代あるいは3代先をも見据えた長期的な財産承継が実現できます。

⑶対象財産の制限

遺言の執行対象財産には基本的に制限はないのに対して、信託の場合、農地は農業委員会の許可を得るのが難しいほか、年金については譲渡できないため信託できません。

⑷作成に対する心理的ハードル

遺言書作成をお勧めすると、「死を想起させる」「縁起でもない」などと仰る方もおり、この観点からの作成に対する心理的ハードルが故に、生前の対策ができないケースもあるようです。

信託であれば、まずは財産管理をテーマとして家族会議を始めることができ、その後の承継まで自然な流れで老い支度のお話を進めていただけたケースもありました。家族であっても、両親がどこにどれだけ財産をもっているのか全く知らず死後に困ってしまうケースもありますので、家族皆で今後のことを話し合うきっかけという意味でも、信託の検討は有用です。

⑸　普及している制度か

遺言は、死後の財産承継手段として、一般の方にも馴染みの深い制度です。民事信託の場合、ご存知ない方も多いので、支援する金融機関としては、丁寧な説明が必要となります。

2 後見制度との違い

視点	民事信託	成年後見制度
柔軟な資産活用	・積極的資産運用や、親族の事業資金への提供等も可能（定め方次第）	・基本的に不可
対象財産	・自由に選択可能（定め方次第）	・法定後見：全財産 ・任意後見：自由に選択可能
管理監督者	・自由に選択可能（定め方次第）	・任意後見人以外は裁判所が選任
第三者監督	・信託監督人や受益者代理人選任ない限り不在	・裁判所や専門職後見監督人等による監督あり
身上保護	・不可	・介護契約等も対応可能

(1)積極的資産運用や親族の事業資金への提供等の可否

　法定後見の場合、あくまで被後見人本人のための財産管理ですので、たとえば、推定相続人のための相続税対策はできませんし、親族の事業資金として本人のお金を借り入れることはできません。

　任意後見についても考え方は分かれており、必ず節税対策等ができるとまでは断言できません。たとえば、任意後見のみ設定した場合、財産を保存行為的な、浪費しないような形でしか使えないため、節税対策が難しくなるほか、本人の財産・収入に依拠して生活していた配偶者や子どもの生活費として支給するといったことも難しくなるという考え方もあります。

　そこで、①積極的な資産運用や柔軟な活用が必要となるような重要な財産の管理は民事信託を活用するとともに、②身上保護や日常の財産管理は任意後見等と、双方を利用しつつ、上手く連携させることが重要です。

(2)管理対象財産の限定

　法定後見の場合、後見人には包括的代理権がありますので（民法859①）、一部の財産のみ後見人に管理を委ねることはできません。

　これに対して、民事信託の場合、管理を託す財産を自由に選べることができます。同様の選択が可能な任意後見とセットで活用するとよいでしょう。

⑶財産管理者の選択

　法定後見の場合、申立てに際して後見人の候補者を記載しておくことはできますが、後見人を決めるのはあくまで裁判所ですので（民法843①）、申立書に記載された後見人候補者が必ず選任されるとは限りません。たとえば、親族間に意見の対立がある場合や不動産売買が予定されているなど重要な法律行為を行う場合には、候補者以外が成年後見人等に選任される可能性があります。また、流動資産の額や種類が多い場合には、一定金額以上を後見制度支援信託にされたり、成年後見等監督人が選任される可能性があります。

　信頼できる家族等、自身の選んだ人に財産管理を託したい場合には、民事信託の活用が考えられます。なお、任意後見の場合、任意後見人は選べますが、任意後見監督人は通常、弁護士等の第三者専門職が選任されることになります。

⑷裁判所や専門職後見人等による監督

　法定後見の場合、家庭裁判所に毎年財産目録を提出して報告を行い、家庭裁判所（ケースによっては加えて後見監督人）による監督を行ってもらうことができます。また任意後見の場合も、家庭裁判所による監督に加えて、任意後見監督人の監督も期待できます。

　これに対して、民事信託の場合は、裁判所のような公的機関による毎年の監督等は予定されていません。そのため、信頼できる受託者に財産管理を託すことが、非常に重要となってきます。受託者選択のポイントは4章Q3を参照してください。

⑸身上保護への対応

　民事信託は、あくまで財産管理の手段ですので、民事信託で介護契約等の身上保護はできません。これらについて、家族による対応が難しければ、別途、第三者専門職後見人選任も視野に入れつつ、後見制度でのフォローも必要となってきます。

⑹まとめ

　成年後見制度は、認知症等の本人の財産保護および身上保護という目的を

達成するための重要な制度です。この目的達成のため、制度としては厳格であるのもやむを得ないところです。後見制度のすべての機能をもたない民事信託を、後見制度の潜脱に利用することは、不正の温床にもなりかねず、不適切でしょう。

　自身が老後を心配して財産管理を子どもたちに任せたい等、委託者と受託者の2人の明確な意思からの契約信託であればよいのですが、民事信託の活用が検討されるケースでも、注意が必要なケースもあります。特に、受託者主導での信託設定要請の事案の場合は、要注意です。委託者に対し、名義移転等をはじめとした信託の仕組みを十分に理解していただくことがきわめて重要です。委託者が信託の仕組みを理解できないままに、受託者主導で信託を設定させるようなケースは、後々トラブルになるリスクもありますので、状況を慎重に調査確認して、家族として、また、金融機関として扱えるかを判断します。

　成年後見制度においては裁判所や専門職後見人等による監督が得られるという特徴・機能等をしっかりと意識しつつ、家庭の事情、財産管理等の目的に応じて、制度を上手く選択していくことが重要です。

3　代理・委任との違い

視点	民事信託	代理・委任
財産移転	・受託者へ移転あり （相続財産にはならない）	・受任者代理人への移転なし （相続財産になる）
管理処分権	・【要注意】受託者のみ	・委任者＋受任者
権限外行為	・【要注意】効果は信託財産に及びうるのが原則	・本人に効果不帰属が原則
本人死亡時	・財産管理継続可能	・原則終了 ・死後事務委任にも限界あり

(1)財産権の移転

　信託の場合、所有権等の権利自体が委託者から受託者に移転し、所有権移

転の登記手続き等も行うことになり、その後は、受託者名義の信託財産として管理されます。したがって、たとえば委託者が亡くなっても、信託財産は委託者の相続財産にならず、信託行為の定めに従って、管理され、受益権は移転します。

　これに対して委任の場合は、所有権が移転しないので、委任者が死亡すればすべて相続財産になり、相続の対象として民法の適用を受けることになります。

⑵管理処分権の所在

　財産権移転の違いに応じて、委任であれば、委任者も管理処分権を行使できますが、信託の場合、原則として受託者しか行使できません。

　委任は、最近では、いわゆる「移行型任意後見契約」（任意後見が発効する前の判断能力が十分である間にも、代理権目録に書いた一定の事務については委任契約に基づき代理権を与えておき、判断能力低下時には任意後見契約に移行するもの）の「生前委任事務」の根拠として用いられ、金融機関の代理人登録手続きでも、これらの契約が公正証書として金融機関の窓口に提出されることで目にすることもあると思います。

　ただ、このような包括的な委任に基づく代理人登録を受けつける金融機関は限られているほか、特に重要な取引であったりすると、結局は指定書式での個別の追加委任状を求められることもあると思われますが、信託とは異なり委任者も管理処分権を有していることを踏まえた慎重な対応としては妥当だと考えます。

⑶権限なく行った行為の効果

　代理の場合、代理権なく行った行為の効果は、原則として本人には効果が帰属しません（民法113①）。

　しかし、信託の場合、受託者が信託財産のために行為を行えば、権限がなくてもその効果は信託財産に及びうるのが原則で、例外的に権限違反行為の取消しがされうるにとどまります（信託法27）。よって、たとえば受託者が信託財産を売却したものの受託者に売却権限がなかった場合でも、当該財産

は買主に移転してしまい、後はこの売買の取消しを請求できるにとどまりますので、注意が必要です。

　もちろん、無権代理の場合も、例外的に本人に効果が帰属し（表見代理等）、財産が戻ってこなくなってしまうことがありうる点では同じですが、効果の原則と例外が、信託の場合とは反対になっています。

(4)本人死亡時の効果

　委任の場合、委任者が死亡すると、原則として委任契約は終了します（民法653一）。なお、死後事務委任契約も例外的に有効ではありますが、民法上は、死後の財産については原則として遺言によってしか処分できないという相続法秩序との関係上、委任内容については限界があると考えられます。

　これに対して、信託の場合、委託者が死亡した後にも基本的には存続し、引き続き受託者において財産管理を継続することにはなんらの問題もなく、委託者の意思を貫徹することができます。

さまざまな仕組みの組合せにはどんなものがありますか？

A3 ニーズ・状況に応じて、遺言＋任意後見等（生前事務委任および死後事務委任を含む）、遺言＋民事信託、遺言＋民事信託＋任意後見等があります。いずれにしても、承継について叶えたい想いがあれば、生前対策は効果的です。

解 説

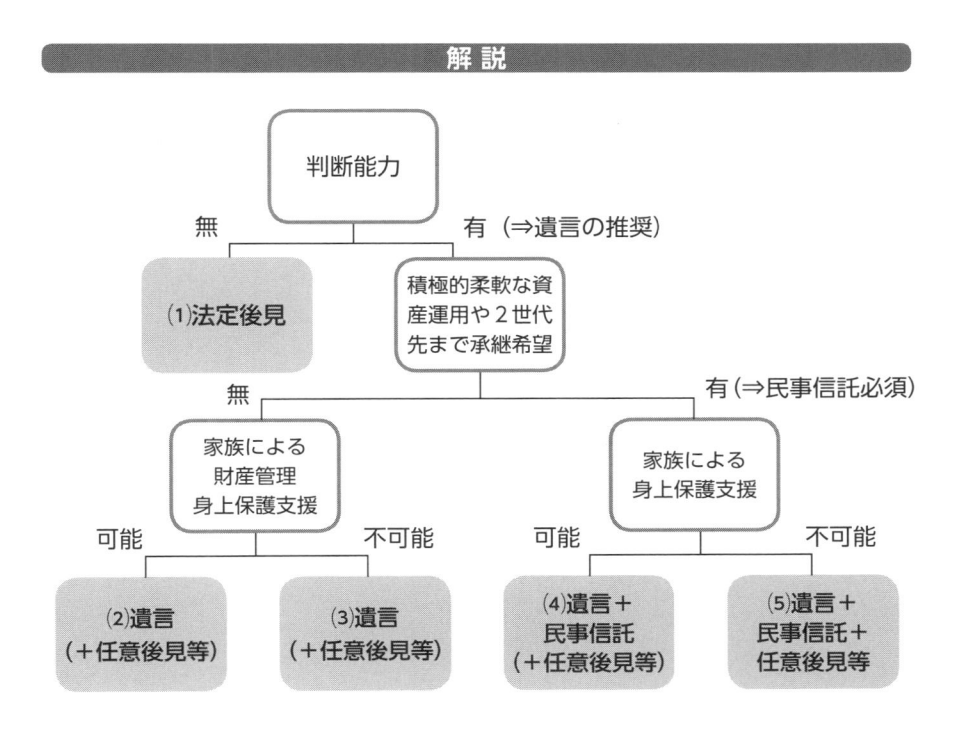

1　すでに判断能力が喪失または低下している場合

法定後見制度を利用します。

民事信託も、遺言も、あくまで契約等の法律行為ですから、判断能力が必

要不可欠です。したがって、認知症等により相当に判断能力が失われている場合には、民事信託の契約等を行うことはできません。よって、定期預金の解約や施設費用捻出のための自宅売却等のためには、法定後見制度を利用するほかありません。

そして、法定後見の場合、積極的資産運用や親族の事業資金への提供・支援等の柔軟な資産運用が不可であることは、本章Ｑ２のとおりです。そのため、積極的資産運用等を検討されている場合には、早めの生前対策実施の提案をお勧めします。

以下では、判断能力が十分である場合を前提として、ニーズや環境・状況ごとに考えられる生前対策を紹介します。

2 積極的または柔軟な資産運用等の希望がなく、家族による財産管理・身上保護支援も可能である場合

民事信託までは不要で従来の遺言を作成しておけば十分と思われます。

この場合、本章Ｑ２で述べた後見制度の特徴を考慮したうえで、家族の事情に合わせて、日常的な財産管理のみならず、介護契約等の身上保護（介護サービス利用・入所・入院契約）や死後事務も含めて、家族での老後生活支援が可能なのか、あるいは（専門職後見人に委ねることを視野に入れて）任意後見制度等を利用すべきかを検討します。すなわち、

①入居施設等を家族が決められるのか

②家族・兄弟間のトラブルは起こり得ないのか

③遠方等ではなく、日々の見守りや各種費用の支払いはもとより実際に緊急入院などに対応できるか

④葬儀等にも問題ないか

等を確認し、これらができるようであれば、任意後見制度利用等までは不要と考えることもできます。

しかし、たとえば将来、自宅売却や定期預金解約等、重要な財産の処分がどうしても必要になる場合には、法定後見を利用すればその件は解決します

が、

①後見申立てのきっかけとなった問題の解決後も後見は終了しないこと

②家族が後見人に選任されるとは限らないこと

③親族の意向で後見人をやめさせることはできないこと

④後見申立てのきっかけとなった問題の解決のみならず、複雑な財産管理が継続的に必要等の事情により専門職後見人が選任された場合には、本人ご逝去まで生涯専門職報酬を支払うことになることがあります。

そこで、念のため任意後見契約等を効果的・合理的に併用するなど、いざということも考えて検討することをお勧めします。なお、任意後見の場合は、任意後見人の報酬は自由に決められます。

最後に、推定相続人間に争いがなくても、どのような家庭でも、遺産承継手続きの円滑な実行の観点から遺言を作成しておくことは、家族のため、金融機関の立場からも、ご提案しておくとよいでしょう。

3　積極的または柔軟な資産運用等の希望はないが、家族による財産管理・身上保護支援が不可能である場合

遺言＋任意後見等をお勧めします。

特に、お一人様の老い支度の場合には、第三者専門職等との間で、葬儀や未払い入院費用の支払い等についての死後事務委任契約も併せて事前締結しておき、万が一の際には手続きを依頼できるようにしておくとよいでしょう。

4　積極的または柔軟な資産運用等の希望があり、家族による身上保護支援の対応も可能である場合

遺言＋民事信託をお勧めします。積極的資産運用等の希望がある場合には、民事信託の活用が不可欠です。

本章Ｑ２のとおり、法定後見の場合はもとより、任意後見についても必ず柔軟かつ積極的な資産運用等ができるとまでは断言できません。よって、判断能力低下後も資産価値の変動を意識した積極的な資産運用を継続するため

には、生前から効力を生じる契約信託による民事信託の活用が不可欠です。

　一方で、農地や年金、あるいは後に形成された財産等、信託でフォローしきれない財産が本人のもとに残りますので、これら信託対象外の財産管理の必要があるケースでは、任意後見制度の利用を検討し、また、これら財産の承継については、遺言も併せて作成するとよいでしょう。

5　積極的または柔軟な資産運用等の希望はあるが、家族による身上保護支援は不可能である場合

　遺言＋民事信託＋任意後見等をお勧めします。

　民事信託は、あくまで財産管理の手段ですので、民事信託で介護契約等の身上保護はできません。これらについて、家族での対応が難しければ、別途、後見制度でのフォローも必要となってきます。

　なお、任意後見と民事信託を併用する場合の注意点としては、利益相反の観点から、任意後見人が受託者を兼任できるか、という問題点があります。任意後見人の代理権範囲を身上保護に限定しておき、利益相反時には任意後見監督人による代理によるという対応や、受益者代理人による対応により兼任可能という考え方もありますが、兼任不可の理解が一般的であるとする見解まで含め、議論が分かれています。そのため、安易な対応にはリスクを伴いますので、金融機関としては、事情をヒアリングし、利益相反等のリスクの内容と対応について、具体的に確認が必要です。

4章

受託者の権限と義務

受託者の権限にはどのようなものがありますか？

A1 信託目的の範囲内で行う信託財産の管理および処分が基本的な権限です。なお、信託事務を第三者に委託することも可能です。

解 説

1 管理処分権限とその制限（信託法26）

(1)管理処分権限

受託者は、信託財産に属する財産の管理または処分およびその他の信託の目的の達成のために必要な行為をする権限を有します（信託法26本文）。

したがって、たとえば、賃貸不動産の管理を目的とする信託ならばその範囲で必要な管理権限が与えられ、その管理権限に基づき賃貸不動産についての賃貸借契約を締結することができ、財産処分が目的であれば処分権限に基づき信託不動産の売却をしたり、その他の信託の目的の達成のために必要な行為であれば、信託財産のための借入れをしたりすることができます。

(2)権限の制限

ただし、信託契約等の信託行為で権限を制限することもできます（信託法26ただし書）。

なお、仮に個別具体的な制限がなかったとしても、信託目的に照らした制限を受けることもあります。たとえば、信託財産とした先祖代々の土地から生じる賃料収益を受益者に給付しつつ、最終的には直系の推定相続人に承継させることが信託目的として想定されるような信託の場合、この信託財産を処分してしまうことは許されないと考えます。

このように、受託者の権限の有無について、信託目的との関係で不明確となってしまうこともあり得ますので、売却や担保権設定、借入れ等の重要な

行為は特に、個別の権限の有無を明確に定めておくことが重要です。

2　受託者の行為による信託財産の変動

　たとえば、不動産購入の権限ある受託者が土地を購入した場合に、受託者が取得する土地が信託財産に属するには、受託者の行為の効果が信託財産に帰属するための原則的要件として、

　①権限の範囲内であること

　②信託のためにする意思が必要です。

　もっとも、厳密には、権限の有無等と、信託財産に属するものになるのか、すなわち信託財産の変動、信託財産への効果の帰属は別問題です。そこで、受託者としては、信託事務、信託財産にかかる取引であることを明らかにするために、受託者権限のみならず、その行為による法律効果（信託財産に帰属するか）も含めて、信託契約等を確認し、法律関係が不明確となっていないか注意する必要があります。

3　信託事務の第三者への委託（信託法28）3つのケース

(1)要件

　委託者は、受託者を信頼して信託をするのですから、受託者は、その信頼に応えるべく、基本的に自ら信託事務を行います。

　ただ、信託事務のなかには専門的な事務もあり、賃貸不動産の管理等、むしろ専門業者に委ねた方が、効率的に事務が実現でき、かえって委託者の意思を叶えることができます。

　そこで、以下のとおり、3つのケースに分けて、信託事務の第三者委託を行うための要件を定めています。

パターン	要件	信託法
①信託行為に信託事務の処理を第三者に委託する旨または委託することができる旨の定めがあるとき	当然に可能	28一
②信託行為に信託事務の処理の第三者への委託に関する定めがない場合	信託事務の処理を第三者に委託することが信託の目的に照らして相当であると認められるときは可能	28二
③信託行為に信託事務の処理を第三者に委託してはならない旨の定めがある場合	信託事務の処理を第三者に委託することにつき信託の目的に照らしてやむを得ない事由があると認められるときは可能	28三

(2)選任・監督義務

　以上のとおり、信託法28条の規定により信託事務の処理を第三者に委託するときは、受託者は、信託の目的に照らして適切な者に委託しなければなりませんし（選任義務：信託法35①）、委託した以降も、受託者は、当該第三者に対し、信託の目的の達成のために必要かつ適切な監督を行わなければなりません（監督義務：信託法35②）。

　しかし、①信託行為において指名された第三者や、②信託行為において受託者が委託者または受益者の指名に従い信託事務の処理を第三者に委託する旨の定めがある場合において、当該定めに従い指名された第三者に委託したときは、当該第三者は受託者によって選任されたものではないため、前述の選任・監督の義務は負いません。もっとも、受託者は、当該第三者が不適任もしくは不誠実であることまたは当該第三者による事務の処理が不適切であることを知ったときは、その旨の受益者に対する通知、当該第三者への委託の解除その他の必要な措置をとらなければならないこととされています（信託法35③）。

　委託者がこれらの違いを理解して信託契約等で具体的委託文言を定めているのかは、注意を要します。

受託者の義務はどのような、どの程度のものですか？

A2　受託者は、利益享受を禁止されているほか、信託事務処理義務、善管注意義務、忠実義務、公平義務、分別管理義務等を負っています。また、受託者の責任にも十分な理解が必要です。

解 説

1　受託者の利益享受の禁止

　受託者は、もっぱら受益者の利益を図らねばならず、受益者以外の名義で信託の利益を享受することはできません（信託法 8）。これは、信託により、信託財産の独立性等、一定の特別な法的効果を付与される根拠となっており、受託者の義務として信託の基本に置かれているものです。このことを、受託者が理解していることが大切です。

2　受託者の義務

義務	内容	信託法
信託事務処理義務	受託者は、信託の本旨に従い、信託事務を処理しなければならない。	29①
善管注意義務	受託者は、信託事務を処理するにあたっては、善良な管理者の注意をもって、これをしなければならない。	29②
忠実義務	受託者は、受益者のため忠実に信託事務の処理その他の行為をしなければならない。その他、利益相反取引・競業行為の制限などがある。	30～32

義務	内容	信託法
公平義務	受益者（現存する受益者のみならず、現在は未存在・不特定の将来の受益者を含む。）が2人以上ある信託においては、受託者は、受益者のために公平にその職務を行わなければならない。	33
分別管理義務	受託者は、信託財産に属する財産と固有財産および他の信託の信託財産に属する財産とを、分別して管理しなければならない。	34
信託事務の処理の委託における第三者の選任および監督に関する義務	信託事務の処理を第三者に委託するときは、受託者は、信託の目的に照らして適切な者に委託しなければならない。 信託事務の処理を第三者に委託したときは、受託者は、当該第三者に対し、信託の目的の達成のために必要かつ適切な監督を行わなければならない。	35
信託事務の処理の状況についての報告義務	委託者または受益者は、受託者に対し、信託事務の処理の状況ならびに信託財産に属する財産および信託財産責任負担債務の状況について報告を求めることができる。	36
帳簿等の作成等、報告および保存の義務	・帳簿等（信託帳簿）の作成義務 ・貸借対照表等（財産状況開示資料）の作成義務 ・積極的報告義務 ・信託帳簿等の保存義務	37 信託計算規則 4

3　善管注意義務の程度

　善管注意義務は、個々の受託者の具体的な能力とは切り離された客観的基準に従って課される義務で、受託者の職業やその地位にある者として通常要求される程度・質が基準になります。

　また、信託契約等の定めにより善管注意義務を軽減することはできます。たとえば、自己の財産におけるのと同一の注意にまで軽減することが法的には考えられます。

　しかし、完全な注意義務の免除までは、許容されていません。加えて、そ

もそも、注意義務を果たしていれば責任は負わないのですから安易な軽減は行うべきではありません。他人の財産を管理する者として、誰のため、何のために信託をするのかに立ち返って検討し、大切な財産を守るため、受託者のフォローの仕組みを考えることが大切です。

4　分別管理義務の内容

受託者は、信託財産に属する財産と固有財産および他の信託の信託財産に属する財産とを、次の区分に応じて、分別して管理しなければなりません（信託法34①）。なお、金融資産の運用では、別段の定めが可能ですが（信託法34①ただし書）、相当の管理が求められるほか、不動産等、信託の登記または登録をすることができる財産についての信託の登記または登録をする義務は、免除することができません（信託法34②）。

財産の内容		分別管理の方法
信託の登記または登録をすることができる財産（例：不動産）		当該信託の登記または登録
信託の登記または登録をすることができない財産	動産（金銭を除く。）（例：ペット）	信託財産に属する財産と固有財産および他の信託の信託財産に属する財産とを外形上区別することができる状態で保管する方法
	金銭その他の財産（例：現物の有価証券）	その計算を明らかにする方法
信託財産に属する旨の記載または記録をしなければ、当該財産が信託財産に属することを第三者に対抗することができないとされているもの（例：振替社債、振替株式）		信託財産に属する旨の記載または記録をするとともに、その計算を明らかにする方法

5　帳簿等の作成等、報告および保存の義務

(1)帳簿等（信託帳簿）の作成義務

受託者は、信託事務に関する計算ならびに信託財産に属する財産および信託財産責任負担債務の状況を明らかにするため、信託財産にかかる帳簿その

他の書類または電磁的記録（信託帳簿（信託計算規則4①））を作成しなければなりません（信託法37①）。

　もっとも、信託帳簿の作成にあたっては、信託行為の趣旨をしん酌しなければならないため（信託計算規則4⑥）、どのような帳簿の作成が義務付けられるかは、信託の目的や、内容、受託者の属性などに照らして、個々の信託について判断します。したがって、たとえば、単純な管理型の信託などでは、会社会計の実務で作成されているような仕訳帳、総勘定元帳などの書類までは不要と考えられます。

(2)貸借対照表等（財産状況開示資料）の作成義務

　受託者は、毎年一回、一定の時期に、貸借対照表、損益計算書その他の法務省令で定める書類または電磁的記録（財産状況開示資料（信託計算規則4③））を作成しなければなりません（信託法37②）。

　財産状況開示資料は、信託財産に属する財産および信託財産責任負担債務の概況を明らかにするものでなければならず（信託計算規則4④）、信託帳簿に基づいて作成しなければなりません（同条⑤）。

　もっとも、財産状況開示資料の作成にあたっては、信託行為の趣旨をしん酌しなければならないため（同条⑥）、具体的にどのような財産状況開示資料の作成が必要となるかについて、信託の目的等に照らして、個々の信託について判断されることは、前述の信託帳簿の場合と同様です。したがって、たとえば、物の管理を目的にするに過ぎない信託においては、成年後見制度利用時に家庭裁判所に提出するような財産目録に相当する書類で足りると考えることもできます。

(3)積極的報告義務

　受託者は、前述した貸借対照表等（財産状況開示資料）を作成したときは、その内容について受益者に報告しなければなりません（信託法37③）。

(4)信託帳簿等の保存義務

　受託者は、前述の信託帳簿、財産状況開示資料や、信託事務処理関係書類を作成した場合には、これらを保存することが義務付けられています（信託

法37④〜⑥）。受益者の権利保護の観点のほか、受益者の相続時や受託者交代時に説明する等にあたっては重要な情報になりますので、保存義務が定められています。

6　受託者の責任（工作物責任、信託財産責任負担債務等）

　受託者は、信託財産の所有者として財産管理をする以上、たとえば、土地を信託財産とした場合には、当然、かつては委託者が負っていた土地工作物の所有者責任（民法717）というきわめて重い無過失責任を負うことになります。

　また、たとえば、受託者が信託の設定に伴い委託者のアパートローンを債務引受したり、新規で信託の事務として借り入れたりした場合、これらの債務は、信託財産責任負担債務となりますが（信託法21①三・五）、これら信託財産責任負担債務については、信託財産のみならず、受託者固有の財産についても、責任財産となります。

　したがって、無理な借入れや手抜き工事がないか等も含めて、慎重なプランニング、借入れ、建築管理に配慮を要します。

　以上のような責任についても、受託者が十分理解しているか（単に形式的名義を移しただけ等と誤解していないか）、確認と説明が不可欠です。

7　まとめ

　以上のとおり、今までの委託者と同様に、受託者の義務には多様なものがあり、また、重大な責任を負うものですから、信託銀行や信託会社等の専門家以外の一般人であっても、他人のものを所有者として責任を負う自覚をもって適切に管理しなければなりません。もし職務怠慢があった場合、受益者（およびその相続人）から損害賠償請求もありうるところですし、固有財産からの弁済もありうるところです。

　そこで、受託者をフォローする専門家の活用や、必要に応じた第三者専門家への委託等の体制が速やかにとれる仕組みにしておくことも重要です。

Q3 受託者は、どのように選んだらよいですか？

A3 信頼できる方で、財産管理、信託の知識や理解度等をよく考え、慎重に行動できる方を選びます。

解 説

受託者の権限	●権限を与えるに足る信頼の有無
受益者保護関係人	●責任を果たせる能力の有無

1 受託者の権限から考える信頼の有無

信託財産については受託者に名義移転等をしたうえで、本章Q1で説明したとおり、受託者に重大な権限を付与する以上、受託者が信頼できるか、というところが第一のポイントとなります。これは、現金を預ける場合に金融機関への信用を前提としているのと同様です。

信託組成を支援する者や、金融機関としては、委託者が信託制度を十分理解したうえで受託者を信じ、任せようとしているのか、受託者が受益者のためのみに行動する気持ちがある誠実な者か、一方で、遺産分割の前哨戦としての独占目的、横領リスクはないか、あるいは詐害信託等債権者対策の見せかけの目的外使用ではないか、などを慎重に見極める必要があります。

実際、近時、父が二男に信託後、トラブルとなり、信託契約の詐欺取消し、錯誤無効、債務不履行解除、信託の目的達成不能（信託法163一）、委託者兼受益者の意思による終了（信託法164①）等により、終了した旨を主張して裁判となったケースもあります（東京地裁平成30年10月23日判決）。また、

遺留分制度を潜脱する意図で信託制度を利用したものとし、信託契約が公序良俗に反するので無効と判断されたケースもあります（東京地裁平成30年9月12日判決）。

2　受託者の責任から考える能力の有無

　本章Q2で説明したとおり、受託者には多くの義務と重い責任があり、これらに耐えうる財産管理能力や、信託についての知識・理解も必要です。

　信託は、設定したら終りではありません。受託者が現実に適切な管理を継続できるのかが、きわめて重要です。受託者をフォローする専門家の活用や、必要に応じた第三者専門家への委託等の仕組み・体制も視野に入れて、受託者が責任を果たす努力をするか、忠実に実行できる誠実さがあるか、慎重に判断する必要があります。

家族以外の法人は、受託者になれますか？

A4 一般社団法人が受託者となることは可能ですが、株式会社については、信託業法との関係で、注意が必要です。

解 説

1 信託業法3条

(1)「信託業」・「営業」(①営利目的・②反復継続性)

信託業法3条には、「信託業は、内閣総理大臣の免許を受けた者でなければ、営むことができない」と定められています。

また、信託業法2条では、「この法律において「信託業」とは、信託の引受け（他の取引に係る費用に充てるべき金銭の預託を受けるものその他他の取引に付随して行われるものであって、その内容等を勘案し、委託者及び受益者の保護のため支障を生ずることがないと認められるものとして政令で定めるものを除く。以下同じ。）を行う営業をいう」とされています。

そして、この「営業」とは、①営利目的、②反復継続性が要件と解されていますが、特に検討が必要なのは、②反復継続性の要件についてです。

(2)反復継続性要件とは？

この要件は、不特定多数の委託者・受益者との取引が行われうるかという実質に則して判断されています。そのため、特定少数の委託者から複数回信託の引受けを行う場合には、反復継続性があるとは考えず、信託業の対象とはされません。よって、たとえば、事業会社が複数回受託する場合も、不特定多数の者からの信託の受託を予定していないときには、信託業とはならないと考えられると判断されています。

このような観点から、あくまで個別事例判断ではありますが、山林の信託

において合同会社が受託者となることにつき、法令適用事前確認手続（ノーアクションレター制度）により金融庁に照会したところ、不特定多数の委託者・受益者との取引が行われ得ないため反復継続性の要件を満たさず、信託業法3条に違反しない旨の回答を得ているケースもあります。

　この金融庁判断のポイントとしては、以下の3点が指摘されており、この要素を満たす信託は、不特定多数の委託者・受益者との取引が行われうるものではなく、今回限りの特殊な信託であり、反復継続性は否定されると解されています（神庭豊久ほか『所有者不明土地問題への民事信託の活用可能性－信託業法における営業等に関するノーアクションレターの回答を踏まえて－』（金融法務事情2098号・2018年9月25日）11頁）。

　①信託設定時の委託者兼受益者の特定性・限定性
　②信託引受け後の受益権の一般公衆への流通防止措置
　③委託者兼受益者と受託者の同質性＋信託財産の限定性

2　会社と「営業」該当性

　合同会社や株式会社は、営利を目的とする法人ですから、①営利目的要件該当性を否定するのは難しいと考えます。

　そこで問題は、②反復継続性要件です。

　確かに、判例上、会社の行為には、会社法5条規定の「その事業としてする行為及びその事業のためにする行為」に該当しない行為もあり得ると考えられているため、一律に会社が行う信託の引受けは、『信託の引受けを行う営業』となってしまうとは限らないように思われます。

　ただ、「反復継続」して信託の引受けを行ったといえるか否かは、行為の回数のみならず、行為者の主観も併せて考慮すべきとされていますので、計画的に行われた限りは、最初の行為も業として行われたものとみるべきとされているほか、営利のために信託を受託することが潜在的にも反復継続性がないと断言できるか疑問であるとする見解もあり、少なくとも、判例上、会社の行為は、その事業のためにするものと推定されることを前提にされます

ので、アドバイザー・金融機関としては、前述した金融庁判断のポイントに
照らし、個別に注意しつつ対応した方が良いように思われます。

3　一般社団法人

(1)活用事例

　一般社団法人の場合、通常の民事信託の受託者になるような設計であれば、
営利目的を欠くと考えられますし、実際にも、たとえばカルビー株式会社が
一般社団法人幹の会に株式を信託したように、広く活用されているところで
す。

(2)信託業法の潜脱？

　ただし、一般社団法人も収益事業を行うことはできるので、この観点から
前述の2と同様の注意は必要です。

　また、士業等の専門職が法人を代表する理事となり、業として、信託の運
営を主導するような場合に、これをもって信託業法潜脱の告発可能性を指摘
する見解もあります。この点については、法人格が否認されるという極限的
な場合でない限り信託業に該当しないとの指摘もあり、アドバイザー・金融
機関としては、少なくとも、法人格の形骸化がないか等のトラブルリスクは、
慎重に判断すべきでしょう。

5章

受益者の権限等

受益者の権利には、どのようなものがありますか?

A1 ①経済的利益を受ける受益債権と、②監督権を行使したり、意思決定できる権利があります。

解 説

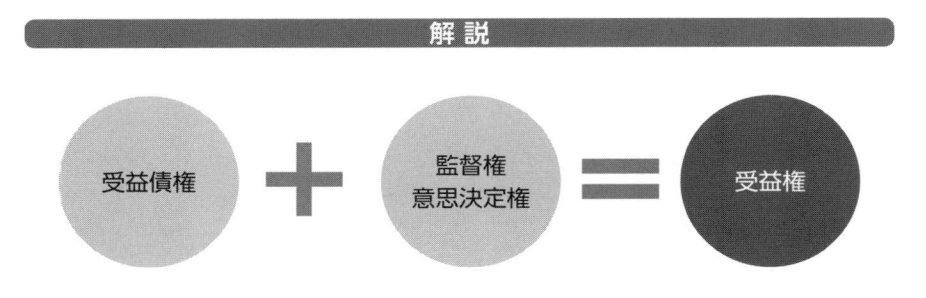

「受益権」とは信託行為に基づいて受託者が受益者に対し負う債務であって

①信託財産に属する財産の引渡しその他の信託財産にかかる給付をすべきものにかかる債権（以下「受益債権」といいます。）および

②これを確保するためにこの法律の規定に基づいて受託者その他の者に対し一定の行為を求めることができる権利（監督権・意思決定権）

をいいます（信託法2⑦）。

1 受益債権

たとえば、生活支援目的の信託の場合、支援する生活費や介護費用相当額の給付を受託者に対して請求し給付を受ける権利を、信託契約等により定めておくことが考えられます。

なお、信託契約書のなかには、この受益債権の内容がきちんと定められていないものが散見されるため、注意が必要です。アドバイザー・金融機関と

しては、誰がいかなる権利を有しているのかについて、誰もがわかる十分な定めがおかれているか、しっかりと確認する必要があります（8章Q4参照）。

2 監督権・意思決定権

監督権・意思決定権としては、

①受益者の受託者に対する監督にかかる権利と、

②受益者の意思決定にかかる権利に大別されます。

(1)受益者の受託者に対する監督にかかる権利

受託者を実効的に監督するうえで必要不可欠な権利として、信託事務処理状況についての報告請求権（信託法36）や、帳簿等の閲覧等の請求権（信託法38①六）等があります。

(2)受益者の意思決定にかかる権利

受益者の意思を尊重すべき権利として、受益権を放棄する権利（信託法99①）等があるほか、関係規定としては2人以上の受益者による意思決定の方法について、信託法105条1項により、「すべての受益者の一致によってこれを決する」ことが原則とされ、複数受益者の合理的な意思決定の機会・方法を定めることができます。

3 受益者の権利行使の制限の禁止

民事信託では、信託法の任意規定を活用し、オーダーメイドで信託契約等の条項を作成していくことができますが、安易な信託行為の定めには、注意を要します。特に、別段の定めには注意が必要です。行き過ぎた規定は信託の否定や濫用につながりかねません。

また、信託行為の定めによっても、受益者の権利行使の制限ができないものもあり（信託法92）、これらの権限は、受益者が単独で行使できる、単独受益者権となっています。

信託法92条が制限を禁止し、単独行使を認めている権利は、4つに類型分けされており、以下のとおりです（寺本264、265頁）。

①受益者の利益を保護し、または受託者を実効的に監督するための権利

・信託事務処理状況についての報告請求権（信託法36）

・帳簿等の閲覧等請求権（信託法38①⑥）ほか

②行使の緊急性を要する権利

・受託者の信託違反行為の差止請求権等（信託法44、45①）ほか

③各受益者の意思を尊重すべき権利

・受益権を放棄する権利（信託法99①）

④受益者間の利益相反が想定されず制限の必要性が認められない権利

　（利害関係人として信託の関係当事者を早期に確定するための権利）

・遺言信託における受託者への信託の引受けの催告権（信託法5①）

・新受託者への就任の承諾の催告権（信託法62②）

・信託監督人または受益者代理人への就任の承諾の催告権（信託法131②、138②）

受益者の負担には、どのようなものがありますか？

A2 ⑴信託事務の費用負担が生じうるほか、⑵受益者に課税がある場合にはその納付義務を負います。

解 説

1 受益者の費用負担

⑴受益者における費用等補償責任の原則否定

受益者は、受託者との個別合意がない限り、費用の償還義務を負わず、受託者から受益者への補償請求は、原則として否定されています（信託法48⑤）。よって、信託契約等による別段の定めによっても、受益者に費用補償責任を負わせることはできず、あくまで、受益者との個別合意が必要となっています。自益信託の場合、委託者に費用償還義務を認めるべきとする見解もありますが（新井329頁）、自益信託であることは考慮要素の1つとして位置付けられるにとどまるという見解もあり（道垣内270頁注186）、議論があるところです。なお、個別合意があっても、一般には可能な範囲で信託財産からの費用償還が先になされるべきものと考えられます。

⑵事実上の補償負担可能性

ただし、仮に前述のような費用負担の個別合意がなかったとしても、信託財産が費用等の償還等に不足している場合、受託者から事前通知を受けながら、受託者の定める相当の期間内に委託者または受益者から費用等の償還または費用の前払いを受けないときは、受託者は信託を終了させてしまうことができます（信託法52①）。受益者への補償請求を否定する代わりに、受託者にはこのような救済手段が与えられています。

そこで、この終了を回避するために、受益者は、事実上補償の負担を負い

得ます。

　このように、信託財産不足が生じると、信託が終了してしまう可能性があ
りますので、信託設定時には十分に収支計算を行い、信託収支が赤字になら
ないか、必要な資金が信託財産とされているか、確保できる仕組みなのかを
確認しつつ、追加信託の定めも信託契約書に規定しておくことが重要です。
信託目的達成のためには、必要な金銭の確保が求められます。

2　受益者等課税信託

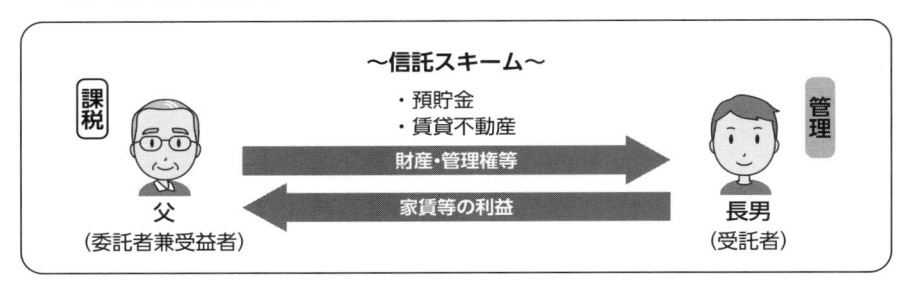

　信託した財産の名義は受託者に移転します。たとえば信託した賃貸不動産
の所有名義は受託者となり、賃料が発生すれば、受託者が管理する信託専用
口座に入金されることになります。

　しかし、信託に関する税制は、このような信託法上の権利関係とは異なり、
原則として、実質上の利益帰属者である受益者に、その所得や利益が帰属す
るものとみて課税関係を構築する取扱い（受益者等課税信託）となっていま
す（13章参照）。

　したがって、賃料を受け取るのが受託者であっても、課税され確定申告を
するのは受益者となります。

6章

委託者の権限と地位

委託者の権限はどうなりますか？

A1 委託者は信託した財産の所有者ではなくなりますが、信託法上で認められている権利と信託契約において定めた権利を有することになります。

解 説

1 委託者の信託法上の権限

委託者とは契約や遺言等により信託で財産を拠出する人のことを指します（信託法2）。

委託者は信託を設定する場面においては、信託目的やその信託の内容を決める重要な存在ですが、信託が設定された後は、主役ではなく、信託された財産管理に直接関与できない立場となります。しかし、委託者は、信託の目的が達成されるかどうかについての利害関係を有していることから、法で定められる範囲と信託契約において特に定めた（別段の定め）範囲において、その権限が認められています。しかしながら、法律上、委託者になることができる資格については定めがありません。民法上の一般的な権利能力、行為能力、遺言能力がないと委託者になれませんし、有効な信託を作ることができません。

2 信託契約において別段の定めをすることができる権限

委託者の権限は信託法上、信託当事者として、受託者が信託契約に従って適切に手続きを行っているか監視・監督する機能を持っています。法律上当然に認められるものとは別に、信託契約で別段の定めをすることによりさらに認められる権利を設定したり、逆に、権利の全部または一部を有しないことを定めることもできます。信託契約においてする別段の定めで委託者に与

えることができる権利は、委託者自身の地位を強化し、たとえば、受託者に指示する権限を持たせることも理論上は可能です。

しかし、財産の管理運用処分等を受託者に託している立場でもあるので、あくまで受託者の行った行為の結果を是正することが基本です。一方、信託から生じる利益を享受する権利は、受益者が持つことになります。委託者にその権限が付与される仕組みにはなっていません。

3　委託者の権限の一覧表

信託法が委託者の有する権利として認めている主なものは、以下のとおりです。

【監視するための権利】
・信託事務の処理状況について報告を求める権利（信託法36）
・受託者の辞任に同意する権利（信託法57①）
・受益者との合意によって受託者を解任する権利（信託法58①）
・裁判所に対して受託者の解任を申立てすることができる権利（信託法58④）
・受益者との合意によって新しい受託者を選任する権利（信託法62①）
【利害関係に関する権利】
・財産目録を閲覧請求する権利（信託法38⑥）
・裁判所に対して信託監督人の選任申立てをする権利（信託法131④）
・裁判所に対して新受益者代理人の選任申立てをする権利（信託法142①）
【変更に関する権利】
・信託契約の変更の合意をする権利（信託法149①）
・裁判所に対して信託の変更の申立てをする権利（信託法150①）
・受益者との合意によって信託を終了させる権利（信託法164①）
【財産を出した立場として認められる権利】
・信託財産に対する強制執行等に対して異議を申立てする権利（信託法23⑤）
・利益相反行為があった場合の取消権（信託法31⑥⑦）
・受託者に対して損失の補償を請求する権利（信託法40①）
・受託者に対して差止め請求をする権利（信託法44）
・帰属権利者がいない、またはいなくなった場合の財産を取得する権利（信託法182②）

信託契約の設計において、委託者の権限について注意すべきことはありますか？

A2 委託者の権限や地位の承継（移転）によって将来的な信託の取扱いに影響を及ぼす場合があるので、注意が必要です。

解説

1 権限の留保・放棄

委託者の権限を強化したとしても、受託者を兼ねる場合を除き、受託者のような直接的な信託財産への関与はできません。また、信託法が認める委託者の権限を留保したり、放棄、消滅させたりすることに制限はないと考えられています。場合によってはその権限の留保や放棄が信託契約に定める設計上、望ましいときもあります。ただし、委託者の地位や権限の放棄を行った場合、信託法で定められた委託者の権限を活用できなくなることもありますので、設計内容に注意して検討すべきでしょう。

2 委託者を複数にしたい場合

委託者が複数である場合も信託を設計することができます。たとえば、夫婦が共有する不動産を信託財産として、二人が委託者となって信託契約を設計することも可能です。しかし、複数の委託者が現金等をそれぞれ信託する場合は、自益信託（2章Q1参照）を設計するケースですと、銀行の取扱いによっては口座名義人が複数表示できないため、信託専用口座（9章Q5参照）が作れない場合もあるので、実務上、注意が必要です。場合によっては、契約を2つに分けて設計することも検討してよいでしょう。

3　委託者が死亡した場合

　委託者が死亡した場合でも、信託財産はすでに受託者が所有者となっていることから、信託財産に影響を及ぼすことはありません。委託者が受益者である場合は、原則、受益権が相続財産となります。委託者が有していた信託法上の地位や権利義務については相続により承継することができます（遺言による信託を除きます。）。

4　委託者が破産した場合

　信託された財産は法で定められた範囲で受益者のために守られた独立した財産となります。いわゆる倒産隔離機能が働くため、委託者の債権者は信託された財産に対して差押えをすることは原則できません。しかし、法令に違反したような詐害信託等（8章Q3参照）であれば、その信託財産は差押えの対象となる場合があります。

5　委託者対応の実務上の注意点

　信託を設計する際に、財産を託される受託者が相談に来る場合もあります。信託の設計は信託財産を受託者に託す委託者の意思がしっかりと反映していなければ信託になり得ません。受託者のみが信託契約を主導するような状況にならないことに注意が必要です。また、委託者が高齢者であることも多く、判断能力や理解力に問題がある場合も多くあります。当然、契約能力を有しない場合には民事信託の契約等もできないので、その場合は成年後見制度等を利用することになります。

　信託契約を組成した後、委託者の死亡等により、その委託者の権利や地位を相続人等に承継することができます。委託者の権限の承継によって、その権利や地位を受け継いだ相続人等が信託を組成した委託者の思いとは異なる、権利や地位の濫用をできる状況になる可能性があれば、その権利や地位の承継・移転についての定め方（本章Q3参照）は注意を要します。

委託者の地位は承継（移転）されるのですか？

A3 委託者の地位の承継（移転）によって委託者の死亡後の対応や登録免許税の取扱いに影響を及ぼす場合があるので、注意が必要です。

解 説

1 委託者の地位とは

委託者は信託の設計に際し、信託財産を拠出した者として、信託終了時に法的帰属権利者となる（信託法182②）などの法で定められた地位を有しています。委託者の地位は、原則として委託者の権利に随伴して移転するとされていますが、権利と地位を切り離して取り扱うことも可能と考えられています。つまり、委託者の持つ帰属権利者がいなくなった場合の残余財産が帰属する権利を第三者が有することも可能であると考えられているため、その委託者がその地位を失ったとしても、当該第三者に残余財産が帰属する権利まで失われるわけではないと考えられています。

2 委託者の地位の移転、その活用、デメリット、法的な問題点

委託者の地位は原則として相続され、相続人にもその地位や権限が承継されます。ただし、遺言による信託の場合は、遺言者が信託を組んだ意図と矛盾が起こる場合があるので、委託者の相続人にその地位は基本的に相続されません（信託法147）。当初の委託者が死亡した場合でもその相続人が地位を承継することによって、その信託の目的を達成するための権利義務を活用することができる一方で、委託者の地位を承継した本信託に利害関係を有する一部の相続人がその権利行使に協力しなかったり、または元々の委託者の意思と異なる権利行使をする可能性があるデメリットも存在します。また委託

者自身が意思能力を失い、成年後見制度を利用した場合に、その成年後見人が信託の目的と解釈の違う権限行使をしてしまう可能性もあります。

そこで、委託者の地位は、受託者および受益者の同意を得て、または、あらかじめ信託契約に定めた方法に従って、承継しないとしたり、第三者に移転させるとすることができます（信託法146）。委託者の地位や権限の移転・承継については慎重に検討をして、信託契約に別段の定めを置く等の対応をすべき場合もあります。

3　地位の移転と登録免許税法7条2項の関係

上記とは別に委託者の地位が問題となる点として、信託が終了した際に、その信託財産たる不動産が委託者兼受益者に対する相続による移転とされるかどうかで、登記申請の際の登録免許税が異なってくる可能性があります。この帰属権利が相続による移転であれば、登録免許税は課税価格の1,000分の4となりますが、要件を満たさない場合は1,000分の20で課税される点には注意が必要です。詳細は名古屋国税局の平成30年12月18日付文書回答事例「信託の終了に伴い、受託者兼残余財産帰属権利者が受ける所有権の移転登記に係る登録免許税法第7条第2項の適用関係について」を踏まえ、上記2のリスクを比較考慮し、検討することを要します。

名古屋国税局　平成30年12月18日付文書回答事例　登録免許税法第7条第2項に該当するかの適用要件

要件1　信託の信託財産を受託者から受益者に移す場合
要件2　当該信託の効力が生じた時から引き続き委託者のみが信託財産の元本の受益者である場合
要件3　当該受益者が当該信託の効力が生じた時における委託者の相続人であるとき

　信託の信託財産を受託者から受益者に移す場合であって、かつ、当該信託の効力が生じた時から引き続き委託者のみが信託財産の元本の受益者である場合において、当該受益者が当該信託の効力が生じた時における委託者の相続人であるときは、当該信託による財産権の移転の登記又は登録を相続による財産権の移転の登記又は登録とみなして、この法律の規定を適用する（登録免許税法7②）。

4　委託者の地位の移転の条項の記載方法

　委託者の地位の移転を信託契約書に反映する条項としては、以下のような記載例が参考になりますが、その信託の目的や内容に沿った条項の設計を検討していく必要があります。

　「委託者の権利はすべてを放棄する。」

　「委託者の地位はＡの死亡後承継されず消滅する。」

　「受益者を変更する場合は、その原因を問わず、委託者の地位とともに移転する。」

　「委託者の死亡により、委託者の権利は消滅し、受益者が地位を承継する。」

　「委託者の地位および権利は受益権を取得する者に承継される。ただし、信託の変更および終了に関する権利は、受益者や委託者の相続人に承継されず、消滅する。」

7章

信託関係人の役割等と活用

信託監督人とは、どんな役割、権能、義務があり、どんな場面で活用しますか？

A1 信託監督人とは、一定の権利に基づき受託者を監視・監督することで受益者の権利行使を補完する役割があり、受益者保護が必要な場面で活用されています。

解説

1 役割・選任方法

信託監督人は、受益者保護のために、信託行為に定めるか、裁判所に申し立てて選任され、受託者の行為を監視・監督する権利を自ら行使し、受託者の権利濫用を牽制する等、受益者の権限行使を補完する役割があります。信託監督人が選任されている場合であっても、受益者自身は、なんらの権利行使の機会を失うものではありません。

2 権能

信託監督人は、信託行為に別段の定めがある場合および受益権の放棄等一定のものを除き、「受託者の監視・監督に係る権利」を行使する権限があります（信託法132①）。そこで、受託者からの独立性を確保すべく、受託者が信託監督人を兼任することは認められていません（信託法137）。

3 義務

信託監督人には、受益者のために善管注意義務と誠実公平義務が課せられています（信託法133）。

4　活用場面

　信託監督人は、受益者が年少者・高齢者・知的障がい者等であり、受託者に対する適切な監督や受益者としての権利の行使ができない可能性がある場合や、受託者の処分権を広く認めその権能が強い信託において受託者による万が一の権利濫用を牽制することを期待して活用される場合等、受益者保護が必要な場面で活用することを検討します。

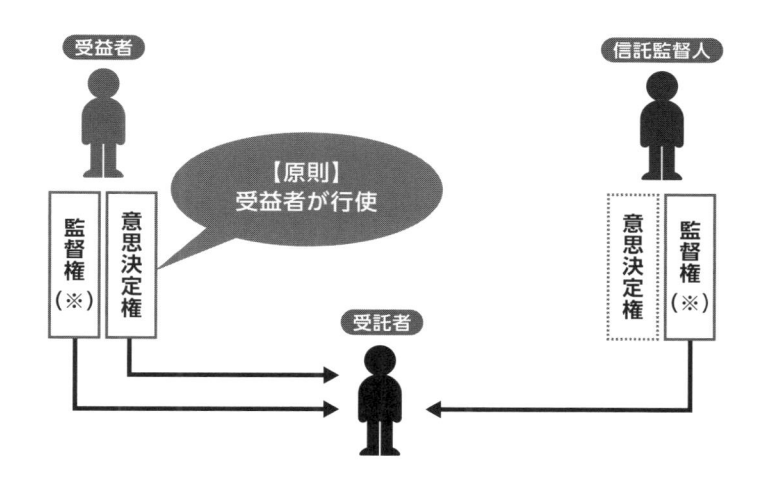

（※）受益権を放棄する権利等、受益者の個人的な利益を目的とした一定の権利については、信託監督人が行使できる権利からは除外されています（信託法132①本文かっこ書）。

 受益者代理人とは、どんな役割、権能、義務があり、どんな場面で活用しますか？

A2 受益者代理人は、信託行為において指定された特定の受益者に代わって権利行使をする代理人としての役割があり、受益者保護や信託事務の円滑化が必要な場面で活用されています。

解 説

1 役割・選任方法

受益者代理人は、受益者保護のために受託者の行為を監視・監督する権利のほか、信託事務の円滑化のために信託行為において指定された特定の受益者に代わって権利を行使する等、特定の受益者の代理人としての役割があります。受益者代理人は信託行為のみにより選任でき、選任すると、代理される受益者が行使できる権利は、受託者に対する監督にかかる権利（信託法92）および信託行為において定めた権利に制限されます（信託法139④）。

2 権能

受益者代理人は、信託行為に別段の定めがある場合ならびに受託者の損失てん補責任および原状回復責任の免除にかかるものを除き、その代理する受益者のために当該「受益者の権利」の一切を行使する権限があります（信託法139①）。そこで、受託者からの独立性を確保すべく、受託者が受益者代理人を兼任することは認められていません（信託法144）。

3 義務

受益者代理人には、受益者のために善管注意義務と誠実公平義務が課せられています（信託法140）。

4　活用場面

　受益者代理人は、信託監督人と同様の受益者保護が必要な場面での活用の
ほか受益者の人数が多く全員の意見集約が難しい場合等に備えて、また、後
見人が選任されるまで信託事務の円滑化に課題がある場合等で活用を検討し
ます。

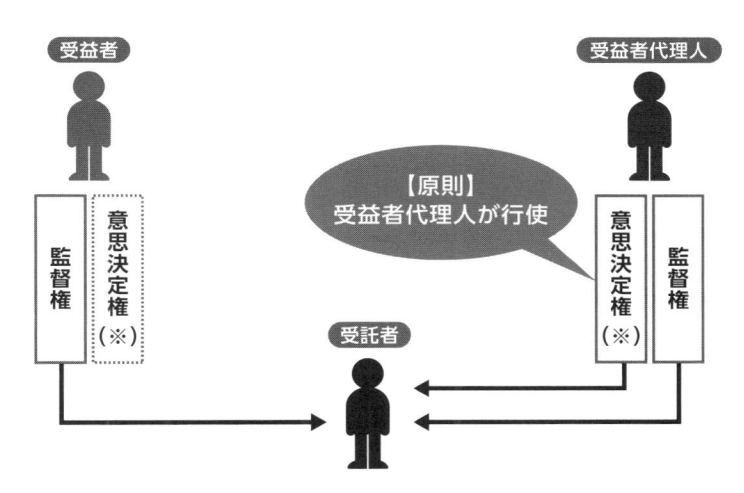

（※）受託者の損失てん補責任等の免除については、受益者代理人が行使できる権利から除外
　　　されており（信託法139①本文かっこ書）、原則として、受益者自らが意思決定すること
　　　になります。

信託監督人か受益者代理人のいずれを、どのような場面で活用すればよいのですか？

A3 受託者に対する監視・監督を重視するケースのうち、委託者・受益者に一定の権限を留保したいケースか、有効かつ適切な監督と意思表示が困難な受益者がいるケースか等によって事案ごとに登場人物を委託者・受益者等の状況により比較し使い分けます。

解 説

1 委託者・受益者に一定の権限を留保したいケース

受益者保護を重視しながらも、委託者・受益者に一定の権限を留保したいケースでは、信託監督人の活用を検討します。

受益者保護の観点からは、信託監督人または受益者代理人のいずれも、その活用が有効な手段になり得ます。そのうち、委託者・受益者に一定の権限を留保したいケースでは、受益者が行使できる権利が原則として制限される受益者代理人の活用よりも、受益者自身の権利行使の機会が確保される信託監督人の活用がより適していると考えられます。

信託監督人を活用する場合、信託監督人は、受益者の権限行使を補完する立場で、受託者の行為を監視・監督する権利を、原則として受益者と重畳的に行使することになります。

2 有効かつ適切な監督と意思表示が困難な受益者がいるケース

有効かつ適切な監督と意思表示が困難な受益者がいるケースでは、受益者保護を図るとともに、当該受益者に代わって受益者としての一切の権利行使ができる受益者代理人を、信託設定の当初からまた事案によっては停止条件付等で活用することを検討します。

　本章Ｑ１の２のとおり、信託監督人を活用する場合には、受益者自身も、原則として特段の制限なく受益者としての権利を行使できます。そのため、意向が大きく異なる複数の受益者がいるケースや意思能力に問題を抱えた受益者がいるケース等の、受益者による有効かつ適切な監督や意思表示が困難なケースでは、当該受益者に代わって権利行使できる受益者代理人の活用がより適していると考えられます。

　たとえば、信託の変更（信託法149）や終了（信託法164①）をはじめ受益債権を守るために行使する信託に関する意思決定は、受益者が複数の信託においては、信託行為に別段の定めがある場合を除き、原則としてすべての受益者の一致によって決することになります（信託法105①）。しかし、信託行為において一部の受益者に受益者代理人が選任されている場合には、当該受益者に代わって受益者代理人の関与により受益者の意思統一を図ることもできるため、信託事務の円滑化に役立ちます。

　なお、受益者のために適切な後見人を確保できるケースでは、受益者およびその後見人の補完的な存在として受託者の行為を監視・監督する牽制のための信託監督人を置く仕組みにするか、または受益者代理人を選任（指定）する定めにしておいて後見が開始されたらその役割を担う、交代するなどの仕組みにするか等、個別に検討します。

【信託監督人と受益者代理人の比較（※信託行為に別段の定めがない場合)】

		信託監督人	受益者代理人
役割		受益者の権限行使の補完	特定の受益者の代理人
選任方法	信託行為	○	○
	裁判所	○	×
権利行使の範囲	意思決定	×	○
	監督権	○	○
受益者による権利行使	意思決定	○	×
	監督権	○	○
義務		・善管注意義務 ・誠実公平義務	・善管注意義務 ・誠実公平義務
活用場面		・受益者保護	・受益者保護 ・信託事務の円滑化

Q4 信託当事者のいずれかの者に法定後見人が就いた場合、信託関係人と後見人はどのような関係になりますか？

A4 委託者・受益者に法定後見人が就いた場合、後見人が委託者・受益者に代わって権限行使をします。受託者や受益者保護のための信託関係人に後見人が就いた場合、当該受託者等の任務終了・後任者への引継ぎ等の問題となります。

解 説

1 委託者・受益者に法定後見人が就いた場合

委託者・受益者に法定後見人が就いた場合、原則として、後見人が、当該委託者・受益者に代わって信託にかかる各種権利を行使します。ただし、信託の変更・終了等の意思決定にかかる委託者・受益者としての権利は際限なく行使できるものではなく、信託行為において定められた範囲で行使できるものです。そのため、信託行為において、受益者の権限・給付内容を明確に定めておくなど慎重に検討します。

また、受益者保護のための信託関係人がいる場合には、以下のように、後見人と信託関係人の権利関係や意見の調整が必要になります。

(1)信託監督人がいる場合

委託者・受益者に後見人が就いた場合、信託監督人と後見人はともに受託者に対する監督権を単独行使できます。その場合、受託者は、信託監督人と後見人双方からの異なる立場と職務に基づき行使される監督権に対して、事案によって難しい判断が求められます。

(2)受益者代理人がいる場合

委託者・受益者に後見人が就いた場合、受託者に対する監督権については信託監督人の場合と同様に、受益者代理人と後見人がともに行使できます。

一方、信託に関する意思決定にかかる権利については、信託行為に別段の定めがない限り、原則として、受益者代理人が善管注意義務・誠実公平義務のもと行使しますが、事案によっては後見人が行使することも可能です。

2　受託者や受益者保護の信託関係人に法定後見人が就いた場合

　信託法の一部改正により、改正法の施行日（注1）以後に設定された信託（注2）では、被後見人は受託者の欠格事由ではなくなりますが、受託者、信託監督人および受益者代理人が後見・保佐開始の審判を受けた場合、法の定めは任務終了事由に挙げています（信託法56①二、134①、141①）。実務上は、信託行為において、それぞれの者につき任務終了事由や後任者への引継ぎに関する規定を明確に定めておくなど、受託者等の判断能力低下により信託事務が円滑に遂行できない状況に備えた対応を考える必要があります。

（注1）令和元年6月14日（成年被後見人等の権利の制限に係る措置の適正化等を図るための関係法律の整備に関する法律附則第1条ただし書）
（注2）同法附則第6条参照

3　民事信託と任意後見の併用の検討

　受益者のために後見人を置くつもりはなくても、将来置くこともあり得ます。特に、すでに受益者代理人を選定していたときには、受益者の権限のうち、たとえば受益債権に基づく給付を受領する権利などの一部の権限をめぐって、後見人と受益者代理人とで競合し合う場面がありうる点にも注意が必要です。そのような事態に備える意味でも、信託行為において受益者代理人による各種行為の権原となる受益権の内容を明らかにするとともに、任意後見契約において任意後見人の身上保護や代理権の範囲を具体的に定め双方を連携・併用するなど、委託者・受益者に後見人が就いた場合も想定した信託を、委託者等の意見を確認したうえで設計することが重要です。

【後見開始の効果】

	後見開始の効果
委託者／受益者	後見人が代わって権限行使
受託者／信託監督人／受益者代理人	原則として任務終了

8章

信託条項に定めるとよい事項

信託契約書は公正証書にしなければ
なりませんか？

A1 法律上の要件ではありませんが、実務上、受託者が円滑に財産管理を行うためには、公正証書による契約の締結が望ましいと考えます。

解　説

1　公正証書の法律上の要否

　信託契約は、法律上、契約書の作成は不要で、口約束であっても成立します（信託法3①参照）。したがって、公証人が作成する公文書である公正証書によって信託契約書を作成しなければならないと法律で定められているわけではありません。

2　公正証書の実務上の要否

⑴契約書の必要性

　法律上は契約書を作成することを要しませんが、実際に民事信託を利用する場合には、信託契約書を作成します。理由は、次の3つです。

【契約書を作成する理由】

確認機能	契約書を作れば、契約内容が確認でき、締結するかどうかを慎重に判断することができます。
紛争予防機能	書面にするので合意内容が明らかになり、後になって「言った」「言わない」がなくなり、無用な争いが避けられます。
立証機能	訴訟になったときに、契約書の内容どおりの信託が設定されたという証拠として利用することができます。

⑵公正証書で行うことの意味

　民事信託の受託者は、自分が受託者であることを証明して取引をします。

その証明には公正証書を利用した方がうまくいくと考えられます。金融機関との取引（口座開設や融資）では公正証書による契約書が求められるのが大半です。

【公正証書による信託契約書の利点】

意思確認	公証人は、契約当事者の意思能力や契約締結意思を確認して作成します。
適正性担保	公証人は、違法・無効な信託契約書を作成することが禁止されているため、締結の過程や契約内容の適正性が担保されます。
原本保管	契約書原本は公証役場で保管され、紛失・毀損しても契約書の再発行をしてもらえます。

　公証人手数料は、信託の対象とする財産（信託財産）の価額で決まります。たとえば、不動産の場合には、その固定資産評価額を下の図表の「目的の価額」欄に当てはめて、算定します。預金がある場合にはその預金額も合算して計算します（計算例は130頁参照）。

【公正証書作成手数料】法律行為にかかる証書作成の手数料(公証人手数料令第9条別表)

目的の価額	手数料	目的の価額	手数料
100万円以下	5,000円	500万円を超え1,000万円以下	17,000円
100万円を超え200万円以下	7,000円	1,000万円を超え3,000万円以下	23,000円
200万円を超え500万円以下	11,000円	3,000万円を超え5,000万円以下	29,000円

目的の価額	手数料
5,000万円を超え1億円以下	43,000円
1億円を超え3億円以下	4万3,000円に超過額5,000万円までごとに1万3,000円を加算した額
3億円を超え10億円以下	9万5,000円に超過額5,000万円までごとに1万1,000円を加算した額
10億円を超える場合	24万9,000円に超過額5,000万円までごとに8,000円を加算した額

証書の枚数による手数料の加算
法律行為にかかる証書の作成についての手数料については、証書の枚数が法務省令で定める枚数の計算方法により4枚（法務省令で定める横書の証書にあっては、3枚）を超えるときは、超える1枚ごとに250円が加算されます（手数料令25条）。
（日本公証人連合会ホームページ（http://www.koshonin.gr.jp/business/b10）より）

金融機関と取引をすることを考えると、どのような条項を信託契約書に定めるとよいですか？

A2 信託を有効に成立させるための条項、金融機関との取引を有効かつ適切に行うための条項、金融機関のレピュテーションを保護するための条項があります。

解 説

【金融機関と民事信託契約条項との関係】

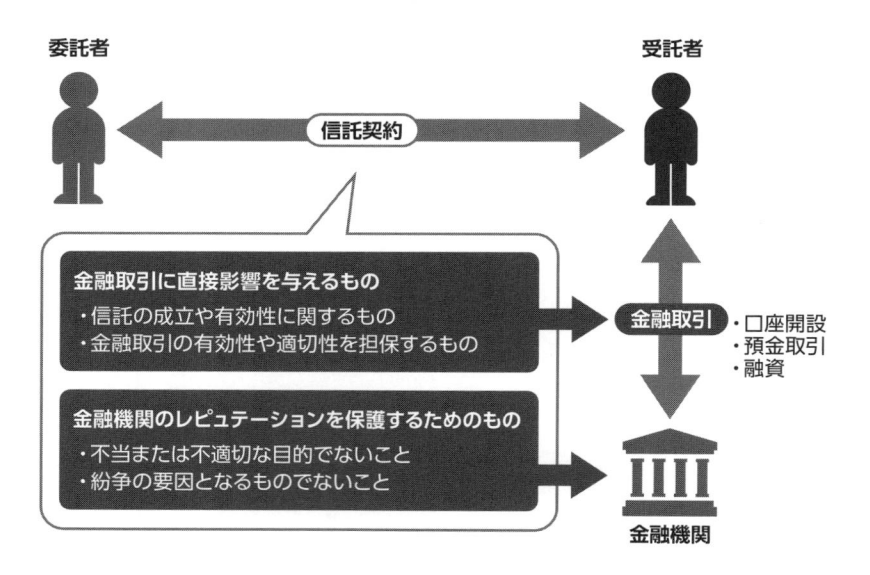

1　金融機関との取引と信託条項との関係

⑴金融機関との取引の不可欠性

　民事信託を利用する場合に、金融機関を全く無視することはあり得ません。たとえば、金銭を信託財産とするときは、現金のままではなく、預金して管

理するはずです。また、不動産、特に自宅の場合には、信託の登記という不動産登記をすれば、その不動産が信託財産であることを第三者に対して主張することができるし、分別管理義務を果たしたことにもなるとして、民事信託預金口座は不要であるというアドバイスをする専門家もいるようです。しかし、固定資産税を納める場合などには、不動産管理のための資金を管理するための民事信託預金口座は必要ですし、また、不動産の売却金を引き続き受益者（高齢者や障がい者等）に代わって管理するときは、民事信託預金口座は必要です。財産管理における認知症対策のための信託には欠かせません。

【民事信託預金口座が必要な理由】

金銭が信託財産	現金保管は危険。預金の方が安全。通帳記帳は帳簿作成にも利用できる。
不動産が信託財産	不動産を管理するための資金（修繕費や固定資産税等）の管理。売却金を管理する場合に預け先として利用。

(2)金融機関における信託契約書のチェックの必要性

　民事信託預金口座の開設を申し出ると、大抵の預金取扱金融機関は、信託契約書の内容をチェックします。チェックを行わない金融機関もあるようですが、民事信託預金口座は他の預金口座とは異なる役割を果たすため、それに見合う適切な民事信託であることを確認しなければ、かえってこの預金口座の悪用をした財産隠しを助長したり、同一人が受託者と称して容易に口座開設をする途を開いたりと、マネーローンダリング・テロ資金供与リスクを増大させることになりかねません。このような視点からの信託契約書のチェックは、民事信託預金口座を開設する金融機関にとって不可欠でしょう。

【民事信託預金口座に期待される機能】

問題となる場面	金融機関に期待される対応例
個人受託者の死亡	受託者の相続人へ払い戻さない。新受託者へ払い戻す。
受託者の個人的な債権者による信託財産への強制執行	強制執行に応じない。

受託者の固有財産の破産	破産管財人からの預金の解約や払戻請求等に応じない。
受託者の個人的な債権との相殺	相殺をしない。相殺を期待しての融資をしない。

(3)民事信託の受託者と取引する際の留意点

民事信託預金口座を開設する金融機関が留意した方がよいのは、自行との取引において法律上の問題が生じることと、口座開設をしたことについて社会的な非難を受けることの双方を避けることです。

民事信託契約書の条項のチェックポイントの一つは、民事信託を有効に成立させ、金融機関との取引を有効かつ適切に行うことができるようになっているかです。これらは金融機関との取引に直接影響を及ぼす可能性があるからです。もう一つは、適切でない民事信託に対して預金口座を開設したという金融機関に対する悪評判を招かないようになっているかです。

2　金融機関との取引に直接影響を及ぼすおそれのあるもの

金融取引は、受託者と行いますので、契約書上、その受託者にその取引を行う権限があることを確認できる必要があります。また、取引権限がある旨の信託契約書が存在しても、その信託が始まっていないとか、すでに終わっていた場合にはやはりその受託者（と称する者）には取引権限がないということになります。取引時において信託が存在していることも確認する必要があります。

【信託契約条項のチェックポイント例①─金融取引に直接影響を及ぼすもの】

> (1)信託の有効な成立に関するもの
> 　①信託の成立要件を満たしているか
> 　　(a)特定の財産が存在すること（委託者からの移転と受託者への帰属）
> 　　(b)一定の目的が存在すること
> 　　(c)受託者の義務の定めがあること
> 　②信託の有効要件（無効・取消し原因がないこと）を満たしているか
> 　　脱法信託、訴訟信託、詐害信託、公序良俗違反等にあたらないこと

---

(2)金融取引の有効性・適切性に関するもの
　　①信託の期間　　　例）始期がないもの、停止条件があるもの
　　②受託者の権限　　例）想定している金融取引についての権限の明示がな
　　　　　　　　　　　　　いもの
　　③受託者の交代　　例）任務終了事由の不明確なもの、新受託者候補の指
　　　　　　　　　　　　　定がないもの
　　④信託の終了事由　例）不明確なもの、発生の確認が容易でないもの
　　⑤信託の変更　　　例）特定の者（受託者等）のみによる変更が可能とさ
　　　　　　　　　　　　　れているもの

3　金融機関への悪影響、悪評判を招くおそれのあるもの

　民事信託の受託者との取引が法的に有効であるとしても、たとえば、委託者の相続人の一部の者のみが利益を得て他の相続人を排除するためなど、民法の定めや受益者の利益に配慮することなく設定された民事信託の受託者と取引を行うことは社会的な非難を受ける原因になります。また、そのような民事信託への関与は、無用な紛争に巻き込まれる原因にもなります。さらに、不正な民事信託への関与は、社会のコンプライアンス意識や個人の権利意識の高まりに伴い、それだけで非難され、社会的信用を害することになるおそれを否定することはできません。

【信託契約条項のチェックポイント例②―金融機関への悪影響、悪評判を招くおそれのあるもの】

---

①管理方法　　　　　　例）広範な受託者の裁量が認められているもの
②受益者への給付　　　例）受益債権の内容の定めなしまたは不明確なもの
③委託者の地位　　　　例）委託者の地位が相続人へ承継されるもの
④受益者、帰属権利者　例）受益権譲渡の無制約な許容、目的との不整合、
　　　　　　　　　　　　　帰属先の不明確、帰属先が不在になるおそれの
　　　　　　　　　　　　　あるもの
⑤受益者保護　　　　　例）受益者代理人、信託監督人、コンサルタント等
　　　　　　　　　　　　　による保護や支援を予定していないもの

 民事信託の契約条項のうち、信託の
有効な成立に関するもののチェック
ポイントは何ですか？

A3 信託の成立要件である、特定の財産、一定の目的および受託者の義務
の定めや、信託の有効要件である、脱法信託、訴訟信託または詐害信託でな
いことや公序良俗に反するものでないことなどがチェックポイントです。

解 説

【信託の有効な成立に関する各信託条項】

➡ 取引相手が受託者であることの前提となる条項

成立要件
- ✔ 特定の財産があること
- ✔ 一定の目的があること
- ✔ 受託者が義務を負うこと

有効要件
- ✔ 専ら受託者のためでないこと
- ✔ 脱法信託、訴訟信託、詐害信託でないこと
- ✔ 公序良俗に反しないこと

1 信託の成立要件の定めがあること

⑴特定の財産

①チェックした方が良い理由

信託は、たとえば、この自宅の建物と敷地とか、○○社の株式1,000株とい
った特定の財産を管理するための法制度です。

信託契約の締結により信託財産となる財産を「当初信託財産」といいます
が、これが何であるかが特に重要です。なぜならば、この当初信託財産とさ

れたものが、信託の対象として法律上認められなければ信託は有効に成立しませんし、また、信託を利用する動機や信託の目的とする事柄に対して当初信託財産とされる財産の種類や規模が不相当であれば、契約書の上では明らかにされない隠れた不正目的の存在が疑われるからです。

②譲渡することができる財産であること―預金や年金の可否

預金や年金を信託したいとのニーズがありますが、預金は通常、譲渡禁止特約があります。年金は法律上譲渡することが禁止されています。これらは委託者から受託者へ移転（譲渡）することができず、信託の対象になりません。

預金口座内の金銭を対象とするならば、その旨がわかるように契約書に定める必要があります。

【信託条項例 ― 預金の中の金銭】

> 第×条
> この信託契約の締結により信託財産とする財産（当初信託財産）は、次のとおりとする。
> （1）この信託契約締結日の次の預金口座内の金銭
> 　金融機関名　○○銀行　支店名　○○支店
> 　種類　普通
> 　口座番号　×××××××
> 　口座名義人　○○○○○（委託者の名義）
> （2）（以下省略）

③譲渡手続きをとることができる財産であること―上場有価証券について

譲渡することについて、法律上も性質上も禁止されていないものの、事実上、信託の対象とするのが困難な財産もあります。たとえば、証券会社等で取引を行う株式や投資信託等の上場有価証券です。上場有価証券は、口座への記録がなされないとその譲渡の効力が発生しません。また、証券口座において信託財産である有価証券の数について記録することで第三者に対抗することができます。しかし、そのような信託に対応した証券口座（以下「民事信託証券口座」といいます。）を取り扱っている証券会社の数は多くありませ

ん。信託契約書に、上場会社の株式を対象とする旨を記載しても、民事信託証券口座の開設が受けられないと、有価証券の数が記録されず信託の効力が生じないか、信託財産に属する有価証券の数が記録されず第三者に信託財産であることを対抗することができないことになります。前もって、顧客が現に利用している証券会社や、信託の設定を機に新規で取引をしようとしている証券会社が民事信託証券口座を取り扱っているかどうか、その利用が可能であるかを確認するのがよいでしょう。

【上場有価証券を信託財産とする場合】

受託者口座への数の記録	譲渡の要件。口座への記録がされてはじめて譲渡できる。契約を結ぶだけでは譲渡すらできない。
信託財産に属する数の記録	信託財産であることを対外的に示すのに必要。これがないと受託者の固有財産と区別できない。

④自行との取引に直接関係しない財産が含まれている場合

たとえば、一つの信託契約書において預金と上場株式が当初信託財産とされている場合、預金取扱金融機関は、自行では証券口座を取り扱わないとして、預金についてのみ着目してチェックすれば足りるでしょか。上記③で述べたように、民事信託証券口座の開設を受けることができず、上場株式の譲渡が認められない場合、上場株式を対象とする部分だけでなく、預金を対象とする部分も含めて信託の効力が発生しないおそれがあります。信託の効力が発生しても信託の目的の達成が不可能であるとして信託が終了したとされるおそれもあります。当初信託財産の中に自行に直接関係のない財産が含まれている場合は、信託の有効性や存在に影響を与える事項ですので、確認を要します。

(2)一定の目的（信託目的）

受託者は、信託財産の所有者ですが、それを自由に使用して専ら自己の利益を得ることは許されず、定められた目的のみに従って、財産を管理しなければなりません。

①単なる希望 ≠ 信託目的

　信託の目的は、その目的に従って、信託財産とされた財産を管理し、その管理から生じた利益を受益者に引き渡すことができるように受託者に対し義務付けるものです。したがって、委託者の単なる願いや希望とは区別されます。具体的に、信託財産について、受託者が何をしなければならず、どのような利益を受益者に与えなければならないのかを明らかにする必要があります。

②相続税の節税目的

　民事信託は相続対策のためにも利用できます。この場合、相続税の節税をしたいとして利用が検討されることがあります。しかし、相続税の節税は、信託の目的にはなりがたいように思います。相続税は財産を引き受ける相続人に課されるところ、その負担を抑えることは相続人の利益にはなっても、被相続人の利益にはならないからです。委託者兼受益者である被相続人の生前中において、その死後に初めて受益者になる推定相続人の利益のために信託事務をすることはできません。大抵の場合、信託の目的にはなりがたいと考えます。

【節税目的は誰の利益か】

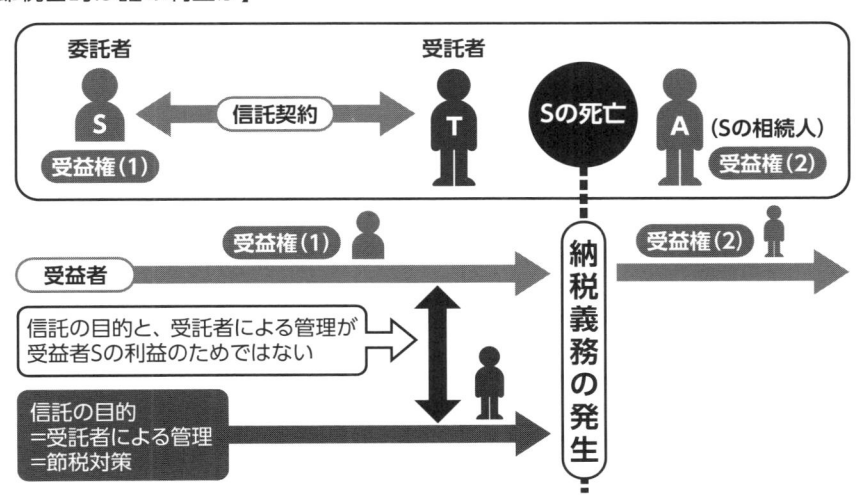

⑶受託者の義務

　受託者は、受益者のために各種の義務を負います。信託事務執行義務、善管注意義務、忠実義務、公平義務、分別管理義務、委託先の選任・監督義務、報告義務、帳簿等の作成・保存義務などです。これらは、信託契約の定めにより軽減や排除ができます。しかし、義務の安易な軽減や排除は、民事信託を、身内間で名義を移すためだけの単なる道具としてしまい、偽装行為や脱税行為などとされて、相続紛争の発生や深刻化の要因になりかねません。受託者が担う義務を果たすことが難しいと見込まれる場合には、民事信託の利用は断念した方がよいでしょう。

【法律上、軽減や免除ができる受託者の義務の例】

義務の種類	信託法	軽減・免除の内容
善管注意義務	29②	軽減可。
忠実義務	31、32	利益相反行為や競合行為について免除可。
分別管理義務	34①	不動産登記等以外の財産の管理方法について特約可。
毎年1回の報告義務	37③	免除可。

　また、たとえば、「受託者は、自ら必要と認めるときは不動産を売却することができる。この場合において、受託者は、善管注意義務を果たしたものとみなす。」という契約条項があったとします。この文言に従うと、たとえば、時価と比べて著しく低い価格で売却したとしても、受託者が必要と認めて行ったのであれば、善管注意義務に反しないことになります。このような条項は、実質的に善管注意義務を免除するものであり、信託をする意思を欠くとして信託契約全体が無効とされるか、信託の目的との整合性に疑義があるとしてこの条項が無効であるとされ、紛争の要因になることが懸念されます。

2　信託の有効要件を充足すること(無効や取消しの原因がないこと)

　⑴信託法は、一定の信託について有効でない旨を定めています。たとえば、専ら受託者のためにするもの（信託法2①）、脱法信託（信託法9）、訴訟信

託（信託法10）、詐害信託（信託法11）であり、次のような場合が問題になり得ます。

①受託者と受益者が同一人となり信託が終了に至るのを回避しようと、そのことのみを理由として、第三者をして数％の利益を受けられる受益者に指定する信託（専ら受託者のためにする信託）

②推定相続人間で被相続人の将来の相続財産についての紛争が生じている状況下で、被相続人が所有する特定の不動産に居住中の対立する推定相続人を、被相続人に代わって訴訟当事者となり退去させるために、他の推定相続人が被相続人から当該不動産の信託を引き受けるもの（訴訟信託）

③無担保の融資を受けた債務者が返済中であるにもかかわらず、債権者に無断で、債権の引当てとなる所有不動産について配偶者等との間で信託を設定するもの（詐害信託）

(2)また、信託契約も契約の一種ですので、一般的に無効や取消しの原因とされるものによっても信託契約の効力が否定されます。

たとえば、委託者や受託者の意思に基づかないものや、委託者の意思能力を欠くもの、公序良俗に反するもの（たとえば、不倫関係を維持継続するために利益の供与をするためのもの）は、無効とされます。

金融取引の有効性・適切性に関係する 民事信託の契約条項は何ですか？

A1 金融取引の相手方である受託者の権限の有無に関係する、信託の期間、受託者の権限、受託者の交代、信託の終了事由、信託の変更に関する条項は金融取引の有効性・適切性に影響を与えます。

解 説

【金融取引の有効性・適切性に関する信託条項】

➡ 取引相手となる受託者が
その取引を行う権限を有するかどうかに影響を与える条項

- ☑ 信託の期間
- ☑ 受託者の権限
- ☑ 受託者の交代
- ☑ 信託の終了事由
- ☑ 信託の変更

1 信託の期間

信託の効力が存続する限りで、受託者は取引する権限を有します。金融機関は、受託者と取引するにあたり、信託期間内であるか、取引開始できる日はいつか、いつ終わるかを確認する必要があります。

始期についての定めは、契約の締結と同時であったり、時間をおいて一定日としたり、それとも委託者から改めて意思表示がされたときなどバリエーションはさまざまです。もっとも、契約の締結日以外とする場合、契約書はあるけれども信託が始まっていなかったことが、委託者が死亡した後に判明

するという事態になるおそれがあります。また、その条件が成就したかを確認するのが難しい事項ですと、金融機関にはいつから受託者の権限が発生したのかがわかりません。

　終期の定めについては、高齢者の財産管理や資産承継のために民事信託を利用する場合には、通常、「10年間」などと期間を区切ることは目的に合いません。「委託者の死亡まで」とか、「特定の信託財産（自宅等）を受益者に引き渡すまで」などとします。

【信託条項例 — 信託の期間】

> 第×条
> この信託の期間は、この信託契約を締結した日から委託者○○が死亡した日までとする。

2　受託者の権限

　信託法上は、受託者は、信託の目的の範囲内で財産を管理したり処分したりする権限があるとされます。しかし、実際に行おうとする取引が信託の目的の範囲内であるかを金融機関側で判断することは一般的には困難です。想定される取引を行うのに必要な権限を信託契約書に明示した方が、取引を円滑に行うことができます。

　受託者の権限を制約する定めがなされることもあります。たとえば、特定の不動産については売却を禁止する旨が定められることがあります。受託者がこれに反して不動産を売却すると、売買は受益者による取消しの対象になりますし、受託者の善管注意義務違反として損失てん補責任を発生させます。

　また、契約書で特定の金融機関での預金による管理を義務付けられた場合、受託者が、たとえば借入れをするにあたり、取引金融機関を変更した方がよいと判断したとしても、信託条項を変更しない限り、預金の移し替えをすることは許されません。

3　受託者の交代

　民事信託では、委託者の子どもなど個人が受託者となる場合が多いと思われますが、事故等により受託者が委託者兼受益者よりも先に死亡することがあり得ないわけではありません。受託者が死亡して、次の人に引き継いでもらえず受託者が不在の状態が1年間続くと、信託は終了します。信託契約書に、特定の人を次の受託者候補に指定しているか、指定する方法が定めてあるかを確認した方がよいでしょう。

【信託条項例 ― 新受託者候補の指定】

第×条
　新受託者の候補者を、次の記載の順序に従い、指定する。
（1）
住　　所　〇〇〇〇
氏　　名　〇〇〇〇
生年月日　××××年××月××日
委託者との続柄　〇〇
（2）
住　　所　〇〇〇〇
氏　　名　〇〇〇〇
生年月日　××××年××月××日
委託者との続柄　〇〇

4　信託の終了事由

　信託の終了により受託者は清算受託者となり、清算に向けて職務を行います。信託が終了した時点から受託者の権限のすべてが失われるわけではありませんが、受託者の職務と権限は清算に必要な範囲に限定されます。また、清算結了により信託が消滅すれば、民事信託預金口座を維持する理由はなくなりますので解約手続きをとらなくてはなりません。預金口座の放置はマネーローンダリング・テロ資金供与リスクを増大させます。適宜解約手続きをとれるようにするために、どのようなときに信託が終了するのかは確認しておくとよいでしょう。

5　信託の変更

　信託法は、委託者、受託者および受益者の三者の合意で変更することを基本とし、一定の場合には一部の者のみによる変更を認めています。変更について金融機関が関与することにはなっていません。金融機関の関与なく無制限に信託が変更できるとなると、取引開始時に信託契約書をチェックする意味が半減します。信託の変更について、少なくとも、信託の変更が生じた場合には金融機関へ届出をしなければならないとの特約を受託者との間で結ぶなどの対応が必要になります。

　また、信託の変更方法について、信託契約で別に定めることができます。たとえば、「受益者と受託者は、書面による合意によって信託を変更することができる」などの条項です。このような条項が定められた場合、法律上のルールと契約で定めたルールとがどのような関係になるか、排他的であるのか、追加的であるのかも契約書上明らかにするのがよいでしょう。何についての信託の変更がされたかは金融取引に大きな影響を与えますので、慎重なチェックを要します。

【信託条項例 ― 信託の変更】

> 第×条
> この信託は、信託の目的に反しないことが明らかである場合に限り、受益者と受託者との書面による合意によってのみ変更することができる。

Q5 金融機関への悪影響、悪評判を招く おそれのある民事信託の契約条項の チェックポイントは何ですか？

A5 信託財産の管理方法、受益者への給付、委託者の地位、受益者、帰属権利者に関する条項は、民事信託が悪用されるのを防ぐために明確な定めがされている必要があります。

【金融機関への悪影響、悪評判を招くおそれのある信託条項】

➡ そのような信託に関与すること自体が社会的非難を受けたり、紛争に巻き込まれたりするおそれのある条項

- ☑ 信託財産の管理方法
- ☑ 受益者への給付
- ☑ 委託者の地位
- ☑ 受益者と帰属権利者

1 信託財産の管理方法

　高齢者の財産管理のための民事信託では、金銭（預金）や不動産、株式（自社株、投資用）が対象となることが多いです。受託者は、これらを信託の目的に沿って、善管注意義務に従い管理しなければなりません。しかし、信託の目的や善管注意義務の内容は、必ずしも明らかでなく、事後的に、目的外であった、義務違反であったとされることがあります。そのような事態になるのをできるだけ避けるために、受託者に財産をどのように管理させるかを契約書に定めることが考えられます。たとえば、不動産の場合、維持・保全にとどまるか、積極的に改修をするなどして運用収益を上げなければならな

いかなどを定めます。

　また、財産の種類ごとにどのような管理をしなければならないのかを定めるのがよいでしょう。特に、分別管理の方法に関する定めについて、単に「受託者は、その固有財産と分別して信託財産を管理する。」などとされることがあります。しかし、具体的に何をしなければならないのかが明らかでない定めは、「分別管理」について習熟しているとは限らない民事信託の受託者による義務違反を招くおそれがあります。たとえば、不動産であれば信託登記をする、株券不発行株式であれば株主名簿に信託財産に属する旨を記載し帳簿を付けるなど、想定される方法を、信託財産の種類ごとに定めてはじめて、受託者は実際に何をしなければならないのかがわかります。

【信託条項例 — 財産の管理方法】

第×条
受託者は、信託不動産について、次に定める方法により管理をしなければならない。
（1）不動産の購入および売却、建物の建築ならびに不動産の管理に関する事務の内容は次のとおりとする。
　　ア　土地上の工作物の取壊し、撤去
　　イ　土地上への建物の建築
　　ウ　土地および建物の購入および売却
　　エ　不動産の第三者への賃貸とその管理（駐車場としての賃貸を含む。）
　　オ　不動産の維持、保全、修繕または改良（それぞれ大規模なものを含む。受益者の居住用不動産および賃貸用不動産の各用途に供するのに必要なものに限る。）
　　カ　前各号のほか必要な管理およびこれらに付随する一切
（以下省略）

第×条
受託者は、信託財産に属する財産を、次の種類の別に従い、それぞれの方法により分別管理を行わなければならない。
（1）金銭　受託者の固有財産でないことが明らかであるように外形上区別することができる状態で保管する方法
（2）預金　受託者名義の専用口座を開設し、信託財産に属するもののみを出入金し，帳簿管理を行う方法
（3）不動産　信託の登記をする方法

2 受益者への給付

　受益者は、受託者に対して信託財産の引渡しその他の信託財産にかかる給付を求めることができます。したがって、信託契約書において、受益者が受託者に対して何を請求することができるのかが明らかでなくてはなりません。この点、「受益者は、甲とする。」とするにとどまっている信託契約書が散見されます。これでは、何が請求できるのかがわかりません。

　また、賃貸不動産を信託財産とし、その賃料を受益者へ交付するような信託では、受託者が得た賃料のうち、受益者へ支払う金額が明らかになるような定めをすることが考えられます。不動産管理では、敷金を返したり、将来の修繕費用に充てたりするためにある程度の金銭を留保しておく必要があります。受け取った賃料全額を受益者へ交付するわけにはいきません。受益者への支払金額について、たとえば、毎月10万円などの確定金額としてしまうと、回収することができた賃料額次第では、十分に留保できない場合があります。収益から費用等を引いた残りを受益者への支払額とするなどの配慮が求められるでしょう。

【信託条項例 ― 受益権と受益者】

> 第×条
> この信託の受益権は、次のとおりとする。
> （1）始期　この信託の開始日
> （2）終期　信託終了事由発生日または委託者○○の死亡日のいずれか早い日
> （3）受益債権の内容　受益者は、受託者に対し、次の各号に定めるものを請求することができる。
> 　　ア　信託不動産を生活の本拠として使用させること
> 　　イ　信託不動産を賃貸または売却をした場合に受託者が取得する賃料または売却代金のうち本信託契約の定めに従い算出された金額の金銭を交付させること
> 2　受益権は、○○が取得する。

3 委託者の地位

　委託者が死亡した場合に、委託者の地位を相続人に承継させると、信託に

従うと自分の取り分が少なくなる相続人が信託について口出しする余地を与えることになります。委託者の死亡後の委託者の地位がどのようになるのかの定めをチェックするとよいでしょう。バリエーションとしては、特定の人のみ（たとえば、次の受益者）が承継する、委託者の地位自体が消滅する、委託者の権利が消滅するなどがあります。いずれが適切かは慎重に考える必要があります。

【信託条項例 ― 委託者の権利と地位】

第×条
委託者は、本信託契約に定めるものを除き、信託法の規定による委託者の権利を含めた一切の権利を有しない。
2　委託者の地位は、受益権を取得した者に移転するものとし、委託者の死亡により委託者の相続人に相続されない。

4　受益者と帰属権利者

受益者の変更は、受益権の譲渡や、受益者変更権の行使、信託契約の定めに基づく受益権の消滅と発生によって生じます。しかし、多くの高齢者や子孫のために行う財産管理の信託では、信託財産を拠出した委託者自身が受益者になり、その終身の間、受益者であり続けるのが通常でしょう。そのような信託であるにもかかわらず、頻繁に受益者が変更されるような仕組みは、信託の目的と整合せず不正な目的での利用が疑われます。

帰属権利者は、残余財産の引渡しを受ける者です。金融機関の中には、信託の清算手続きにおいて、民事信託預金口座から直接帰属権利者へ預金を払い戻すところもあるようです。信託契約において受託者以外の者に預金を払い戻すこととされているか、自行においてそのような払出しに対応できるかを確認することになります。

受益者・委託者保護の視点から信託契約条項に定めるとよいものは何ですか？

A6 民事信託によって誰のどのような利益を守るかという点と、どのようにして利益を守るかという点を踏まえて、受益者代理人、信託事務の委託、指図権者や同意権者などを定めるとよいでしょう。

解説

1 民事信託によって、誰のどのような利益を守るか

　信託は、財産管理制度です。管理をする財産をその権利（所有権）ごと管理者に移転して管理をさせるものです。そこでは、委託者から受託者に対する、委任など他の財産管理制度における信頼を超える信頼が前提になります。そして、信託の設定後は、受託者は、委託者からの信頼とともに引き受けた財産を受益者のために管理をして利益を引き渡します。受託者は、委託者と受益者の双方からの信頼に応えなくてはなりません。受託者は、委託者からは、その拠出した財産が自分の設定した目的どおりに管理されることについて、受益者からは、信託財産からの利益を受けることについて、それぞれ期待されています。受託者は、委託者と受益者の双方の期待と利益を保護する役割を担うことになります。

【民事信託における受託者への信頼】

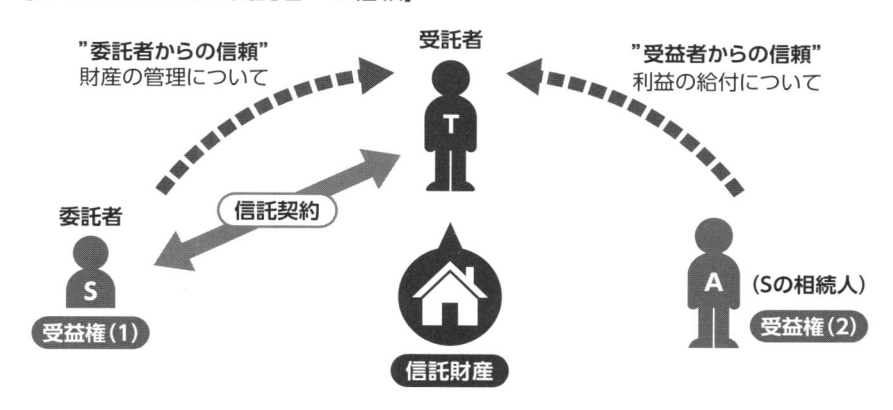

　一方、民事信託の受託者は、信託銀行等のプロの受託者とは異なり、信託についての知識や経験をもたずに、やむを得ず受託者になる場合も少なくありません。そのため、いわば素人、アマチュア受託者を支援する必要があり、受託者の支援が委託者や受益者の期待や権利を保護することにもなります。

　また、高齢者の財産管理や数世代に及ぶ資産承継のための信託は、長期間継続します。信託期間中に、受託者側の事情も変化し、自己の名義である信託財産を着服・横領する動機が生じ、不正を働くおそれも否定することができません。そのような事態に至れば、委託者および受益者が害されることはいうまでもありませんし、ひいては金融機関が誤解されるおそれもあります。

【民事信託の受託者への支援と監督の必要性】

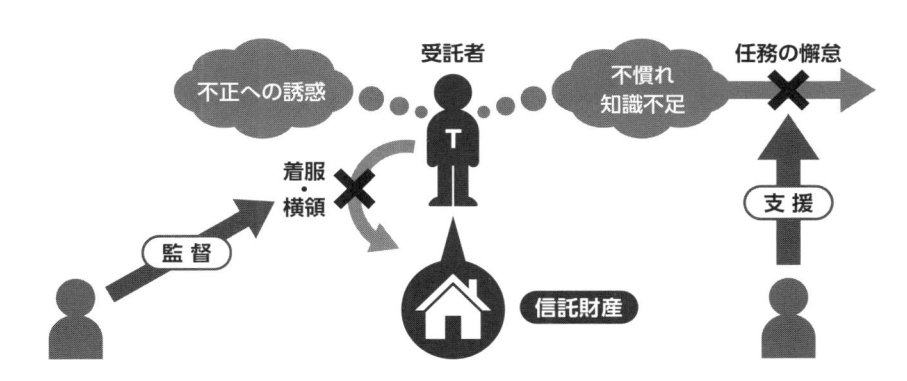

以上のように、委託者および受益者保護のために民事信託の受託者が何より
も重要ですが、その受託者は、必ずしも万全ではありません。また、受益
者自身が受託者を監督することができない場合も多いです。受託者を支援し
または監督して委託者や受益者の利益を保護するための方策としては、信託
事務の委託先（4章Q1参照）、受託者に対するコンサルタント、受益者代理
人（2章Q5、7章Q2参照）、信託監督人（2章Q5、7章Q3参照）、指
図権者、同意権者などが考えられます。

2　どのようにして利益を守るか

⑴受益者が高齢者・障がい者である場合

　高齢者は認知症等により、障がい者はその障がいにより、適切に権利を行
使することができないからこそ、民事信託が利用されます。そのような受益
者に代わって権利を行使する者が受益者代理人です。もっとも、受益者代理
人が就任すると、受益者本人の権利は制限を受けます。委託者と受益者が同
一の自益信託の場合、信託の設定当初は、受益者には意思能力があり判断が
可能ですので、そのような状況では自ら判断したいと考えるのが通常です。
いつから受益者代理人が就任し、受益者の権利が制限されることになるかに
ついての定めが重要になります。また、受益者代理人は、受益者の代理人で
すので、常に受益者の状況を見たり、意向を聴取したりして、受益者の利益
のために行動することになります。受益者と受託者との利害が対立する場合
には、受益者の利益を守るために行動しなければなりません。受託者の配偶
者等受託者と近しい者が就任すると、受託者に対し厳しい態度で臨むことが
できず、本来の役割が果たせなくなるおそれもあります。人選には注意が必
要です。

期待される役割	必要な状況	留意点
受益者代理人	受益者が高齢者や障がい者の場合	☑ 就任すると受益者本人の権利が制限される。 ☑ 受託者と近しい者が就任した場合には馴れ合いのおそれ。

(2)民事信託の受託者が多忙や遠方地居住等により一人でやり切るのは困難である場合

　受託者は、信託事務を適切な第三者に委託することができます。たとえば、信託帳簿の作成を税理士等に委任したり、賃貸不動産の賃貸管理や物件管理を不動産業者に委託したりすることができます。特に、受託者が就業しており信託事務に専念することができない場合や、信託財産の所在地から遠方に居住している場合には、第三者への委託が必要になります。ただし、専門業者に依頼する場合には手数料がかかります。その手数料分を賄うことができるかも含めて、受託者候補者が信託事務をやり切れるかの判断を要します。受託者自身のみでは管理することができず、管理の委託をすることもできない場合には、民事信託の利用は控えた方がよいでしょう。

期待される役割	必要な状況	留意点
信託事務の委託先	受託者が一人でやり切るのは困難である場合	☑ 委託先への手数料を賄うことができるか。 ☑ 委託しても受託者が役割を十分に果たせない場合は、民事信託の利用自体を断念する必要あり。

(3)民事信託の受託者のみの判断では不安がある場合

　信託事務の処理は、受託者が自ら判断して実行するのが基本ですが、受託者以外の者を意思決定に参加させる仕組みにすることもできます。たとえば、不動産を信託財産とした場合に、いつ、誰に対し、いくらでその不動産を売却するかについては指図に従う旨とその指図を行う者を信託契約で定めたとします。この場合、受託者は、指図者からの指図に従い不動産を売却すればよいことになります。また、売却等の条件については受託者が主体的に判断するとしつつも、より慎重に判断することができるように第三者または受益者に同意権を付与することも考えられます。なお、同意があったからといって受託者がその売却等について責任を免れるわけではないとされます。

期待される役割	必要な状況	留意点
指図権者 同意権者	受託者以外の者の判断を踏まえて財産管理をしたい場合	☑ 指図権者についても受託者と同じように善管注意義務や忠実義務を負うとされる可能性あり。 ☑ 同意権者からの同意を得たからといって受託者が免責されるわけではない。

⑷民事信託の運営について受託者から相談したい場合

　民事信託の受託者は、不正を行うために親を委託者とする信託を引き受けるのではなく、信託について完全に理解してはいないものの、自分が担わざるを得ないとの想いで引き受ける人が多いように思います。そのような受託者に必要なのは、「監視・監督」ではなく、「支援」です。その支援の手法として、受託者とコンサルティング契約を締結して、適宜相談を受けることが考えられます。信託法と信託契約により負うことになった義務と責任を受託者が全うするためには、イレギュラーな事態が発生した都度、気軽に相談できる相談相手が必要です。

期待される役割	必要な状況	留意点
受託者に対するコンサルタント	受託者が民事信託実務に明るくない場合	☑ コンサルティング報酬を賄うことができるか。 ☑ 相談するに値する民事信託の専門家の数は多くない。

【民事信託の関係者を支援・監督する仕組み】

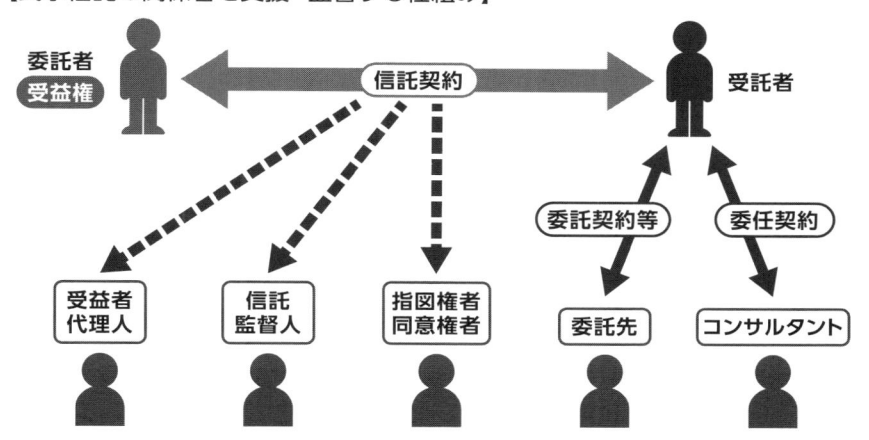

【公正証書手数料の計算例（105頁参照）】

信託財産　　　　　合計6,000万円　の場合
　　　┌・金銭　　　　　　2,000万円
　　　│・土地一筆　　　　3,000万円（固定資産評価額）
　　　└・建物一棟　　　　1,000万円（固定資産評価額）

「5,000万円を超え1億円以下」に該当　→　43,000円…㋐

公正証書の枚数が、契約書1通あたり20枚の場合（公正証書の原本1通、正本2通）
　　　→　250円×（20枚×3－4枚）＝14,000円…㋑

公証人手数料の額：　㋐　＋　㋑　＝　<u>57,000円</u>

別途　印紙代　200円も必要となる。

※正確な金額を顧客へ案内する場合には、依頼している公証役場から金額の案内を受けるべきです。

9章

口座開設、融資取引とその留意点

 金融機関は、顧客から民事信託について
の問合せが来た時にどう対応すればよい
ですか？

A1 顧客から民事信託についての問合せが来た時には、まず、顧客がどのような状況にあって、何を求めているかを確認する必要があります。

解 説

　問合せをしてきた顧客が、ある程度民事信託の仕組みを理解しているのか、民事信託についてのマスコミの記事などを見て問合せをしているのか、それともすでに法律の専門家が関与をしているのか（通常、専門家の関与がある場合は、専門家からの問合せが行われることが多くなっています。）、その状況によってその後の対応が違ってきます。また、何を求めているのか聴取する必要があります。多くは受託者専用の口座開設を求めて金融機関に問合せしてくると思いますが、当初より受託者ローンを求めて問合せをしてくる可能性もあります。また、そこまで詳細に検討しているわけでもなくただ相談に来ている場合もあります。いずれにしても問合せの理由とその後どのようにしたいのか、問合せの目的を把握する必要があります。

　窓口で簡単な民事信託の説明図などを用意しておき、最低限の民事信託についての説明をする準備をしておけば、その後の対応がスムーズにいきます。

民事信託についての説明書（案）

民事信託とは

信託とは、信託契約、遺言または公正証書等による自己信託により（信託行為）、特定の者（受託者）が一定の目的（信託目的）に従い財産の管理または処分およびその他の当該目的の達成のために必要な行為をすべきものとすることをいいます。

受託者が、営利を目的として、不特定多数の者を相手に、反復継続して受託している場合には、営業信託と呼んで信託業法で免許が必要と規定されています。一方、受託者が、営利を目的とせず、特定の委託者から家族等が受託しようとするような信託を「民事信託」と呼んでいます。営業信託ではありません。

民事信託の基本スキーム

委託者　：　信託行為により信託財産を信託する者（信託法2四）

受託者　：　信託行為の定めに従い、信託財産に属する財産の管理または処分およびその他の信託の目的の達成のために必要な行為をすべき義務を負う者（信託法2五）

受益者　：　受益権を有する者（信託法2六）

委託者　≠　受益者　→　他益信託といいます。
（信託開始時に贈与税が課税されます。）

委託者　＝　受益者　→　自益信託といいます。
（信託開始時には、課税されません。）

※本人（委託者）の財産を信託契約等に基づき家族など（受託者）に管理・運用・処分してもらいます。そこから生じる利益等（受益権）を受ける者は本人（委託者兼受益者）とすることもでき、家族等（受益者）とすることもできます。

 金融機関は、顧客から民事信託について
の聞き取りはどのように行えばよいです
か？

A2 顧客がある程度民事信託を理解しているが法律専門家が関与していない場合、まずは、顧客の知合いの専門家に相談するように促します。顧客に知合いの専門家がいないとき、当該金融機関に専門家を紹介する体制がある場合はその制度を利用し専門家を紹介することになると思います。また、そういった制度はないが近隣の専門家を紹介することができる場合もあると思います。

いずれにしても顧客からある程度のヒアリングをした後に専門家につなぐこととなります。個人情報を収集してしまうとその取扱いの問題が生じてしまいますので、個人情報および業務とならないレベルで概要を聴取し、専門家に紹介することが重要です。もちろん、専門家紹介の仕組みがあり、その制度の中で個人情報等の取扱いについての規定が定められていればその規定に則り、顧客からのヒアリングをすることとなります。

解 説

具体的には、以下に掲げるような内容を聴取します。

- 委託者、受託者、受益者（自益信託の場合は、委託者と同一人物）を中心とする続柄（相談者以外の名前は不要、関係だけで可）
- 民事信託を利用したい理由もしくは、民事信託を利用する目的の概要
- 信託財産の概要：自宅の土地、建物など、他に収益物件があるかないか、ある場合には、収益物件の概要など。その他、上場株式など信託に加えたいと考えている財産があるのかなど。財産の金額の詳細などは聴取しない。

- 委託者の判断能力：マスコミ等の情報から相談に来ている場合、委託者となる方の判断能力が極端に落ちてきているが、成年後見制度を利用したくないので、民事信託を利用したいというケースが散見されます。予断は禁物ですが、委託者となる方に判断能力がない場合には、民事信託契約は契約できない旨を説明するとともに、おおよその判断能力の有無を聴取し、専門家に伝えることが必要です。

法律専門家の関与を受けているとき、金融機関の職員としてはどのような対応をすればよいですか？

A3 法律専門家の関与があった場合には、なるべく金融機関としては、具体的内容の関与を避けた方が賢明です。法律相談であるためそこに関与してしまった場合、弁護士法等の違反となってしまう可能性があります。ただ、口座開設に向けてあらかじめ準備をするために進行状況などは把握する必要があります。

解 説

まずは本章Ｑ２の解説内容と法律専門家を紹介した後は、専門家に全面的に任せることになると思いますが、大切な顧客である場合には、ある程度金融機関でも状況把握をしたい、また財務面からアドバイスするという要請があります。専門家から状況把握をするという方法もあると思いますが、まずは守秘義務等の業務問題もあるため、問題のない程度、本章Ｑ２の解説内容および顧客から今後の予定を聴取し、口座開設等の準備をしておくという程度が賢明であるかと思います。

法律専門家との相談時に立ち会うということもあると思いますが、相談に関与をしてしまう危険性もあり、同席については、十分注意をして対応する必要があります。原則としては、法律専門家が関与して相談になった時点からの同席は、相談者からの要請がないなら避けた方が問題とならないでしょう。

民事信託制度を利用する方針がある程度決まったときには、この先の具体的な流れを顧客に説明する必要があります。口座開設までに必要な書類、その手続き、さらに受託者ローンを検討している場合には、どのような流れになるかの説明です。

　また、不動産がある場合には、口座開設、受託者ローンとの関連で不動産に関する登記手続きおよび諸費用について相談者が理解をしているかを確認します。所有権移転登記を行うことになりますが、信託の登記もするため、一般的な所有権移転登記とは明確に区別されるなどの説明です。これらの点についての詳細は、法律専門家がすでに説明していると考えます。

　民事信託の利用方針が決まれば、次のことを説明、確認します。

- 口座開設に必要な手続き、書類（本章Ｑ５参照）
- 受託者ローンの要件、手続き
- 不動産の所有権移転登記手続き、費用等、信託の内容と手続きを理解したかの確認
- 信託を設定するための今後のスケジュール、費用、手続きの確認

法律専門家が信託スキームを作成している間、金融機関としては何か行うことはありますか？

A4 法律専門家が関与をして信託スキームを作成するとなった際には、金融機関としては、委託者および受託者に対して受託者専用口座の口座開設に向けた説明をすることになります。

解 説

　法律専門家の関与があり、信託契約が行われることとなったときには、口座開設の準備をする必要があります。一般的な金融機関では受託者専用口座を開設するために以下のような要件を基本として挙げられています。

- 専門家（弁護士や司法書士など）が関与して作成された信託契約書であること
- 公正証書で作成された信託契約書であること
- 公正証書として契約する前の案の段階で金融機関の所定のチェックを受けること
- 委託者が受益者である自益信託であること（本人の財産管理を目的とする場合）

　契約案の段階で金融機関として確認すべきリスクのチェックをすることから、あらかじめ顧客に案内をしておかないとトラブルになる可能性もあります。また、チェックするに要する期間をある程度早い段階で明確に提示しておく必要もあります。通常の顧客は口座開設に何週間も期間がかかるとは想定していません。民事信託契約の専用口座開設については、信託スキームの作成から金融機関のチェックを経て公正証書による契約書作成の後に、さらに不動産登記が確実にできることを確認してのちに開設することになります。

不動産登記を行う場合も多いので、不動産登記手続きまで一連のスケジュールを立てて口座開設の日程が決まります。早い段階で顧客もしくは支援している法律専門家とスケジュールの打合せをしておかないと予想外のトラブルとなります。上記に列挙した要件のほか、以下のような要件を求め、開設することが適切か妥当かを審査する金融機関もあります。

- 受益者連続型信託でないこと
- 受託者が委託者の3親等以内の親族であること
- 委託者の推定相続人間で紛争が生じると認められる信託契約ではないこと
- 指定の法律専門家のレビューを受けること

受益者連続型信託を受け入れると信託期間が長期になるため、取り扱っていない金融機関も見受けられます。原則として受益者連続型は受け入れず、個別案件として、たとえば委託者の配偶者まで受益権が移るところまでを対象にする金融機関もあります。確かに信託期間が長期にわたると予想外の事態が起こる可能性や当初の親族間の関係性が大きく変化する可能性も高くなり、金融機関としては慎重になるかもしれません。しかし、期間の長い信託は、金融機関の末永い顧客になり得ます。また、信託は、長期にわたり財産管理ができるということがメリットであり、信託契約を行い受益者連続型にすることによって他の法律行為では不可能な財産承継が可能となります。信託という法律行為を十分活用できるためにも合理的必要性とリスクを考慮して受益者連続型の信託契約についても受託者専用口座を開設できるようにしたいところです。

受託者の範囲に一定の制限を設けている金融機関も見受けられます。家族内の信託ということで3親等以内の親族に限定をしたり、法人の受託者を認めない金融機関もあります。

金融機関としては、紛争に巻き込まれることを避けるため、委託者の推定相続人間に紛争がないことを表明する書類の提出を求められる場合もありま

す。紛争に巻き込まれないように予防をすることは必要ですが、確認書をとって安心するのではなく、受託者専用口座の開設がどれだけ紛争に巻き込まれる危険性があるのかを見極める必要があります。しかし、むやみに不要な書類を委託者より取得することを避けることが顧客本位になると思います。

　上記をまとめると以下のようなチェックリストを準備し、対応することとなります。

【受託者専用口座開設に関するチェックリスト】

	委託者の行為能力はあるか。成年後見人等は選任されていないか。
	受託者は欠格事由に該当していないか（未成年者など）、委託者からの信頼が厚いか。
	自然人の受託者の場合、受託者は委託者の3親等以内の親族であるか。
	後継受託者が指定されておりその者は特定されているか。
	信託の利用に合理的な理由はあるか。
	信託の内容に合理性があるか。違和感はないか。
	信託の内容と財産が、合議で変更可能であるか。
	信託関係人は、スキーム、役割を理解しているか。
	受託者は、するべき信託事務の内容を理解しているか。
	受益者は、信託から得られる受益権の具体的内容を理解しているか。
	関係者間、その他の者との紛争の蓋然性が高くないか。
	信託契約書は公正証書で作成されているか。
	弁護士、司法書士など法律専門家の関与がなされて作成された信託契約書であるか。
	委託者兼受益者である自益信託であるか。
	委託者は個人であり、法人ではないか。
	信託の終了事由が規定されており、その終了事由は明確であるか。
	終了時の残余財産帰属権利者が明確に特定されているか。
	信託設定後、法律専門家が関与、アドバイスし続ける仕組み、態勢になっているか。

受託者専用口座を開設するとき、どのような手続きが必要ですか？

A5 通常の口座開設書類に加え受託者専用口座開設のためのみに必要な確認書類を整理しておきます。

解 説

受託者専用口座を開設するといっても口座開設については、原則的には通常の口座開設となんら変わるところはないと考えられます。

ただ、信託契約に基づく受託者固有の口座ではありませんので、信託契約書のコピーの提出は求めることとなります。その他、通常の口座と違い受託者が変更する、つまり口座名義人が変更することがあるため、受託者が変更したときには金融機関に必ず連絡することを義務付ける確認書の提出を求めます。

口座開設時の本人確認については、金融機関によって対応が分かれています。口座開設を行う受託者の本人確認は当然に行いますが、その他委託者（自益信託としての受益者）については、行わない金融機関もあります。また、金融機関によっては、さらに2次受託者や委託者の推定相続人から確認書の提出を求めるところもあります。信託制度、特に民事信託については、扱いが少ないためより多くの関係人から確認をとる傾向にありますが、根拠のない書類を取得することは顧客に対して加重な負担と思われます。

口座開設に必要な提出書類として、本人確認書類、公正証書で作成した信託契約書の写し、通常の口座開設書類、その他個別の書類が挙げられます。

受託者専用口座開設後はどのような管理をしますか？ また、一般の口座と比して取扱いの範囲についてはどのような検討をしますか？

A6 受託者専用口座について特に重要な要件は、倒産隔離機能です。受託者固有の口座と分別をして管理をするシステム・体制が必要です。口座の取扱いの範囲については、委託者が行っていたそれまでの取引が民事信託の設定により受託者との取引に変わります。金融機関のリスクだけではなく、新たな利用者の利便性、将来性も考慮のうえ、取扱いの範囲を決定します。

解 説

　適正な信託ならば、倒産隔離機能があり信託財産は委託者および受託者の固有財産とは隔離されます。つまり、万が一委託者もしくは受託者が破産したとしても、信託財産については、委託者もしくは受託者の破産財団には組み込まれません。また、自然人たる受託者が死亡したとしても、当然、信託財産は、受託者の相続財産とはなりません。受託者が信託事務として信託専用口座を活用していることを承知で信託契約の条文に従わず、受託者の相続人に預金財産を交付してしまうと損害賠償請求を受けるリスクもあります。

　窓口の対応も含め、信託財産を委託者および受託者の固有財産と分別するシステム・体制を金融機関として構築する必要があります。分別するシステム・体制とは、顧客管理のルールです。委託者、受託者固有の口座、預貯金等とは別にして管理すること、つまり例外として預金保険、課税の扱いがありますが、名寄せは原則として別管理にすることです。

　また、受託者専用口座における取扱いでは、キャッシュカードの発行とインターネットバンキングの利用が求められます。受託者に財産の管理権が移ったとしても特にそれに伴いリスクが拡大することはなく、デジタル化社会において利用者の利便性、将来性にも十分に考慮のうえ、対応すべきです。

10章

スキームの合理性とそのチェックポイント

民事信託のスキームを組み立てる際に どのような手順で行いますか？

A1 状況の確認、ニーズの確認とゴールの明確化、手段の選択といった手順で行います。

【民事信託のスキーム組み立て手順】

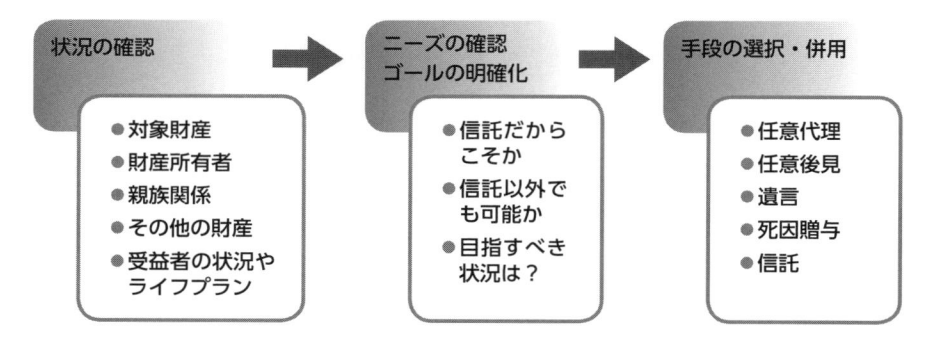

1 状況確認

　民事信託の社会的認知度が高まってきていますので、「民事信託を利用したい」という明確な意思をもった相談者が来ることもありますが、そうでない場合も含めて、いきなり民事信託を検討するのではなく、まずは、相談者について次の状況を確認することになります。

(1)対象財産の決定、財産所有者の確認

　対策が必要とされる財産の種類や数量を確認します。相談者が意識している財産と意識していないが状況を踏まえると対策を講じた方が良い財産とがあります。また、財産の種類によっては、信託に適しないものや管理が難しいもの など実務上信託の対象とするのが困難なものもあります。さらに、相

談者が対象財産の所有者ではない場合があります。たとえば、企業オーナーが自社の株式のうち一部をすでに子に対し贈与している場合は、企業オーナーは贈与した株式であってもなお自分のものであると思っていることがあります。そのようなときは、贈与を受けた子が委託者とならない限り、贈与された株式を信託の対象とすることはできません。

【委託者の範囲】〜発行済み株式全部を信託財産としたい場合〜

贈与がされていないとき

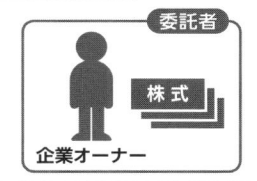

贈与されているとき

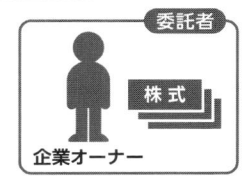

⑵親族関係

　信託を利用する場合でも相続法（民法）は適用されますので、誰が委託者となる者の推定相続人であるかを確認します。また、民事信託は家族が役割を担うものですので、受託者候補や、万が一のときの新受託者の候補、受益者代理人の候補がいるかどうかを確認します。受託者候補がいない場合には、原則、民事信託を利用することはできません。信託会社への相談や、信託銀行の商品の利用を検討するのがよいでしょう。

⑶その他の財産の確認

　信託の設定によって遺留分を侵害する可能性の有無は、信託の対象としない財産の状況も踏まえなければ判断することができません。信託の利用がトラブルの原因になるか、トラブルを複雑にするかを判断するには、信託の対

象とする財産以外の財産の状況も把握する必要があります。

(4)受益者の状況やライフプランの確認

　受益者の現状や将来に対する希望を聴取したり、それに基づくライフプランを策定したりします。たとえば、自宅を売却することが想定されるか、売却するとすればそれはいつかなどを踏まえて、自宅を信託財産とするのがよいかが決まります。委託者（受益者）の意向（生活設計）があってはじめて信託目的を定めることができます。

2　ニーズの確認とゴールの明確化

　生前の財産管理にせよ死後の資産承継にせよ、なんらかのニーズがあるからこそ相談者は民事信託の利用を検討しているのですから、そのニーズを相談者とのやり取りの中で確認することが必要です。その際、「信託だからこそできること」と、「信託でなくてもできること」について助言や情報提供をしながら、信託がふさわしい手法であるかを確認します。余剰資産の積極的な運用や後継ぎ遺贈等、信託以外の方法では対応が難しいニーズに対応することができることを示しながら、そのニーズに信託がふさわしいかどうかと、具体的にどのような状況を達成したいのかを相談者と明確に共有します。

3　手段の選択

　相談者の状況を把握し、ニーズとゴールを共有したら、後は最も適した手段が何かを考えます。任意代理か、任意後見か、遺言か、死因贈与か、やはり信託か、それぞれの特徴を踏まえて、最も適当なものを選び、場合によっては組み合わせてその相談者にフィットした方法を提案します。なお、信託以外の方法によっても目標を達成することができ、過大な負担等の不利益がないにもかかわらず、信託による解決を提案・実行することは、信託受託者に慣れない事務と重い責任を負わせることになりますし、信託の誤った使い方をさせてしまうおそれがあることを踏まえると、適切ではないと考えます。

民事信託のスキームを組み立てる際には どのような点に注意するとよいですか？

A2 対象財産の信託への適格性、信託の目的の内容、適切な受託者の存在、誰に受益権を取得させるかなどに注意が必要です。

解 説

【民事信託のスキームを組み立てる際の注意点】

対象財産の信託への適格性

- 委託者のすべての財産
- ローン付き不動産
- 金銭
- 上場有価証券　など

信託の目的の内容

- 委託者が望む状態、受託者の事務内容、受益者への利益の内容　など

適切な受託者の存在

- 親族内、専用法人、信託会社　など

誰に受益権を取得させるか

- 受益権の取得方法
- どこまでを信託財産とするか
- 分散と集約化の工夫　など

1　対象財産の信託への適格性

　信託法は、金銭に見積もりうる「財産」であれば信託の対象とすることができるとしていますが、民事信託の実務では、事実上の制約もあります。契約書に定めさえすれば信託をすることができるとの理解は、顧客とのトラブ

ルのもとです。たとえば、次に掲げる財産を信託の対象とする場合には、現実的な実現可能性も踏まえなければなりません。

(1)委託者のすべての財産

「信託財産は、『委託者のすべての財産』とする。」との信託契約は、法律上は有効であるとしても、文字どおり「委託者のすべての財産」を受託者が管理することができるかどうかは疑問です。特に、高齢者の財産管理のために、その高齢者を委託者兼受益者とする場合、信託が開始した時点で有していた委託者の全財産を受託者が所有するとなると、委託者が有する家財道具等の動産類も信託財産とされ、物理的・外形的な分別管理の対象になることになります。これでは、受託者に煩雑にすぎる事務を担わせることになります。受託者が信託法に基づいて適切に財産を管理することが現実にはできないような信託契約書は不適切です。

一方、そのような管理の煩雑さを避けるがために、「委託者のすべての財産」とは、主要な財産のみを指すと解釈できた場合、どれが信託財産であるのかという線引きの問題が生じます。信託財産であるかどうかにより、信託法が適用されるかどうか、強制執行の禁止等の特別な法律効果が生じるかどうかが決まります。信託財産の範囲を契約上明確にできない信託契約書は適切ではありません。

(2)ローン付き不動産

住宅ローン等金融機関からの融資を受けて建築された建物とその敷地を信託の対象とする場合には、通常は、金融機関の承諾が必要です。無断で信託を設定すると担保不動産の無断譲渡として、期限の利益を喪失し全額返済しなければならなくなります。委託者が負担する債務をどのように処理するかについては、金融機関ごとに取扱いはまちまちです。たとえば、債務を委託者に残したままで一切手を付けない方法、受託者に併存的債務引受をする方法、受託者へ免責的債務引受をする方法などです。この点、対応いかんによっては、財産承継を円滑に行うために、借り換えに伴う金融機関の変更が債務者の視野に入れられることもあることから、各金融機関において、万全な

債権管理と顧客ニーズ（信託目的）の実現を両立できる手法を定める必要があります。各手法の適否については、『賃貸アパート・マンションの民事信託実務』（成田一正ほか・日本法令）387頁以下参照。

【委託者の債務の処理方法の例】

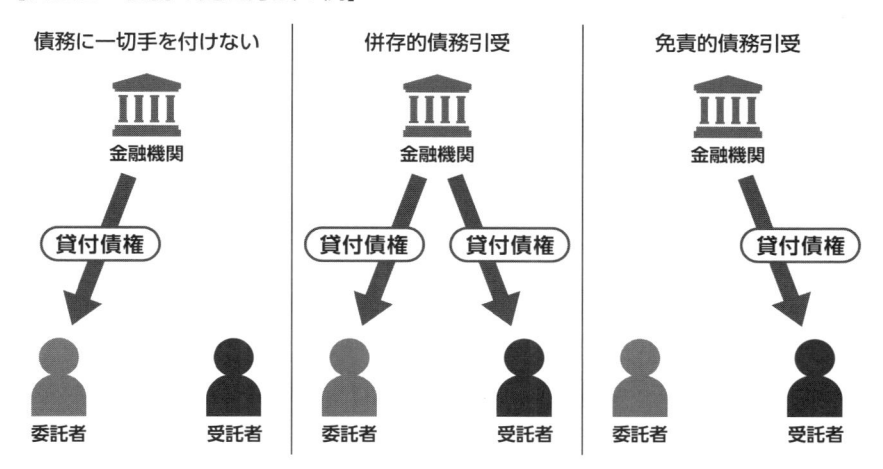

⑶金銭

　金銭は、信託法上、登記等の対抗要件は不要です。分別管理の方法も帳簿付けとされていますので、受託者が自分の個人名義の預金口座を利用しても、信託法に直ちに違反することにはなりません。

　しかし、その金銭について受託者自身が信託財産として扱う意思を対外的に明らかにしたり、帳簿付けの負担を軽減したり、受託者が死亡した場合に相続財産でないことを明らかにし、相続財産として取り扱われることなどを避けたりするために、民事信託預金口座の開設が求められます。もっとも、すべての預金取扱金融機関が対応しているわけではありません。全国展開している金融機関もありますが、支店数が限られており、遠方の店舗まで出向かなければならない場合もあります。

【民事信託預金口座を開設する動機】

意思の表明	預金が信託財産であることを対外的に明らかにする。
帳簿付けの負担軽減	通帳の記帳面を利用して出入金の記録（帳簿付け）の負担を軽くする。
固有財産との混同の回避	受託者個人の財産、信用不安（強制執行や破産等）からの影響を遮断する。

　金銭の管理は受託者が行います。受託者となる者が信託を引き受けた場合に、過大な負担を負うことにならないように、民事信託の利用を検討するにあたっては、想定される負担や費用を含めて、よくよく説明し、了解を得ておくのがよいでしょう。

⑷上場有価証券

　上場有価証券（社債、株式等の振替に関する法律の適用を受ける有価証券をいいます。）を民事信託を利用して管理する場合の留意点については、本章Ｑ３を参照してください。

2　信託の目的の内容

　委託者が信託財産とする財産を自分の死亡時まで管理させたいのか、自分の死後に特定の相続人等に承継させたいのか、その両方であるのかを委託者に確認します。それに応じて、委託者が望む管理や承継を実現するために受託者に何をさせるか、具体的には、売却や運用といった処分を許容するか、維持・保全にとどめるかを決めます。さらに、受託者によるその管理等によってどのような利益が生じるか、その利益をどのように受益者へ与えるかを定めます。

【信託の目的、財産の管理方法、受益者への給付の関係】

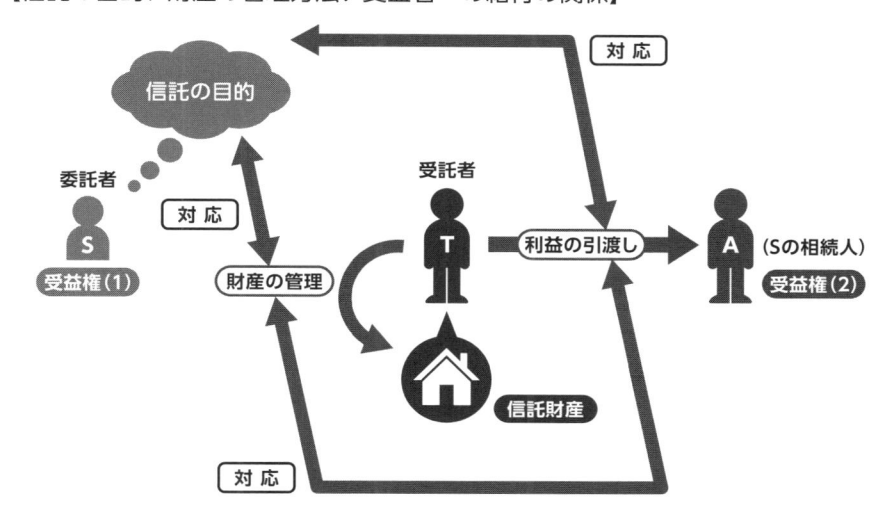

3　適切な受託者の存在と継続

　民事信託は、委託者の親族が受託者になることが最も多いと思われますが、必ずしも親族内に適任者がいるとは限りません。また、第二次以降の受託者候補者がいるかどうかも信託の継続にとっては重要です。一般社団法人等の専用の法人を設立し、受託者とすることも考えられますが、法人の運用という負担が増えることにもなります。賃貸物件等一定の収益が生じ、管理手数料分が賄えそうな場合には、信託会社等による商事信託の利用も検討に値します。

4　誰に受益権を取得させるか

　委託者兼受益者が死亡した場合の次の受益者に受益権を承継させる方法には、①受益権を相続財産として承継させる方法と、②受益権を消滅させ、別の受益権を発生させる方法とがあります。

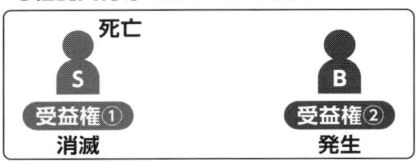

①相続による承継　　　　　②信託契約等の定めによる承継

　誰を受益者とするかどうかは、被相続人（委託者）の財産のうち何を信託財産とするかと関係します。主な財産すべてを信託財産とする場合において、遺留分を有する相続人に受益権を取得させないと遺留分侵害となり、遺留分侵害額請求をされるなどして信託の運営が妨げられるおそれがあります。遺留分侵害を避けるために、遺留分相当の価値の受益権を取得させることも考えられます。その場合、受託者による信託事務を受益者として妨害する機会を与えることになるおそれもあります。そのような場合は、一部の財産をあえて信託の対象にせず、信託外で遺留分権利者へ贈与や相続させる旨の遺言、遺贈により与えることが考えられます。

【受益者の範囲と信託する財産の範囲】

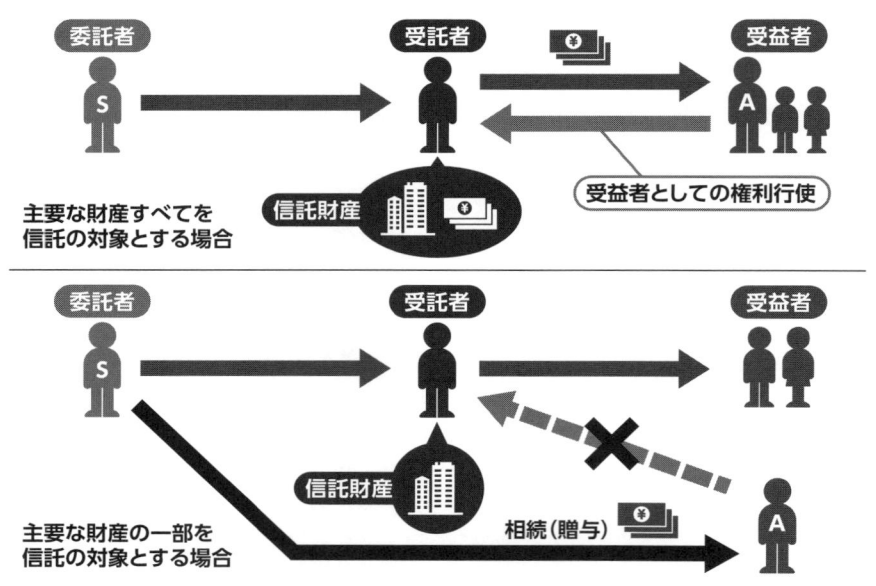

　事業承継や先祖代々の資産の承継において、後継者が一括ですべての財産を引き継ごうとすると、他の相続人の遺留分の侵害を招いたり、買取り等に多額の資金を要したりして、後継者が過大な負担を負うことになります。そこで、他の推定相続人の理解が得られるときは信託を利用することで、いったん受益権を共同相続人に与え、少しずつ買取り等により集約するという仕組みが考えられます。他の推定相続人の理解を得にくい信託は紛争を招く懸念があります。納得を得られるように適正な対価の支払いが保障される仕組みにするのがよいでしょう。

【受益権による集約化】

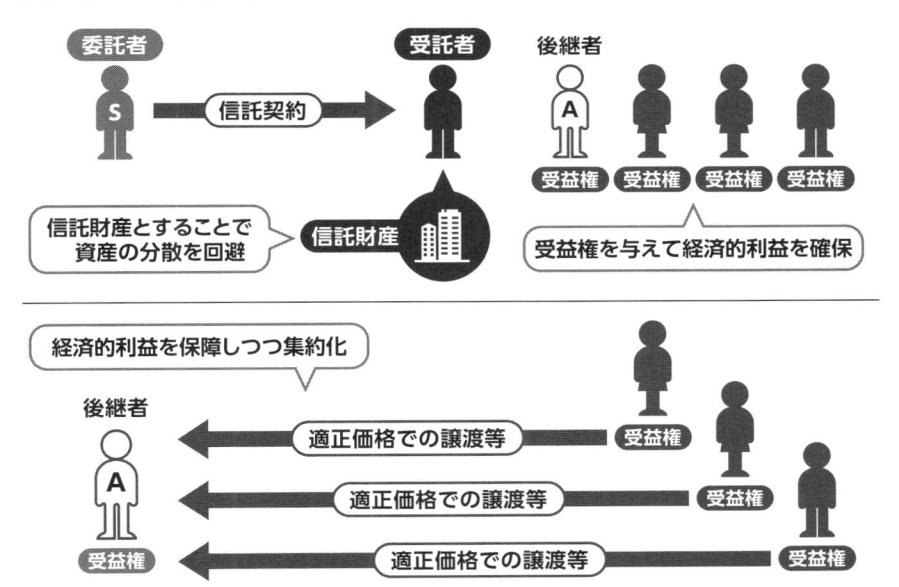

 金融機関が、個人や中小企業オーナーに関わる民事信託預金口座の開設や受託者への融資を取り扱う意義は何ですか？

A3 民事信託預金口座の開設をすれば、顧客の子ども等、顧客の家族や関係者とのつながりを得ることができます。また、民事信託の受託者に対する融資により新規顧客を開拓・拡大することもできます。

解 説

【金融機関にとっての口座開設や融資の取扱いに関するメリット】

口座	融資
● 預金者の相続開始による関係断絶の予防 ● 口座開設希望者との新規取引の開始（次世代との取引） ● 受託者の社会・企業活動との地縁	● 新規顧客への取引の誘因（借り換え対応） ● 融資機会の拡大（新規融資） ● 債権管理の負担軽減

1 民事信託預金口座の開設の意義

　個人の取引先の相続が開始すると、それまでの取引関係が途切れてしまうことはよくあることと思います。民事信託、特に委託者と受託者との契約で行う民事信託を利用する場合は、取引先である委託者がいまだ生存し、取引関係が継続しているところに、その子ども世代との取引を始めるきっかけを得ることができます。取引先の死亡による関係の断絶を予防することができます。

　民事信託預金口座の取扱いは、まだ一般的というまでには至っていません。民事信託を利用するのに民事信託預金口座は不可欠ですので、開設可能とい

うだけで、顧客誘引力があります。また、口座開設のみで収益が上がるわけではない点は他の種類の預金と同じですが、これを機会に受託者に対する各種サービス・商品を案内することも可能となります。ただし、受託者としての立場で取引をする場合、取引の相手方は受託者であるものの、提供しようとするサービスや商品を購入する権限がその受託者においてあるかどうか、権限があるとしても販売することが適切かどうかは、別途判断が必要になります。もっとも、同じ受託者であっても信託とは無関係に個人としての立場で取引を行うことも可能です。

【民事信託預金口座の開設の利点】

取引関係の維持	取引先である委託者が死亡する前から次世代の受託者との取引を開始することができ、相続開始による関係遮断を回避することができる。
顧客誘引力	取扱金融機関が少ないため、民事信託の利用希望者が他行から預金を預け替えることへのインセンティブとなる。
関連商品の案内先の拡大	高齢者本人への案内が困難な商品について、受託者に対する案内や、受託者個人に対する案内が可能になる。

2　民事信託の受託者への融資の意義

　ローン付き不動産を信託財産とする場合、債権者である金融機関はそのローンの処理について対応しなければなりません。民事信託の利用者にとっては、委託者が負うローン債務を受託者に免責的に引き受けさせる方法が財産管理を子ども等に委ねるというニーズに即しており、かつ、受託者にとっての負担も少ないといえます。そのため、そのような対応をしていない金融機関から対応可能な金融機関へ借り換えをするという事態が生じます。民事信託の利用が拡がるにつれて、民事信託の受託者への融資について柔軟な対応が可能な金融機関は顧客数や貸出残高を増やすことができ、そうでない金融機関は顧客離れが進むことになりかねません。

　担保に供されていない不動産を活用するには、その所有者の意思能力や適切な判断をするのに十分な能力が必要です。所有者の高齢化により、そのよ

うな能力が低下・喪失することは、その不動産の有効活用ができなくなることを意味します。信託の利用により、受託者がその不動産の所有者になることで、有効活用に必要な資金を提供する機会が拡がることになります。

　融資先が生存中に完済することができないような融資がなされる場合があると思います。債務者が高齢化し、その意思能力が低下・喪失すると、融資条件の変更や更新手続、債権回収が困難になります。民事信託により、若年世代とのやりとりによる債権管理が可能となります。

【民事信託の受託者への融資の意義】

債務引受への対応	借り換えの防止と、新規借り換え案件の獲得の機会が得られる。
受託者への融資	新規融資先が開拓できる。
債権管理の負担軽減	債権者の高齢化に伴う債権管理の負担を軽減することが可能になる。

11章 設定から終了まで／必要な受託者実務

 信託の設定から終了までに必要または
起こりうる諸変更手続きはどのような
ものですか？

A1 信託設定時、信託期間中、そして信託終了時に分けてまとめると、次のようになります。

解説

1 信託の設定時

委託者は、信託財産として拠出する財産を、受託者に引き渡します。その際、当該財産が信託財産であることが第三者に明らかになるように、委託者と受託者は協力して、受託者名義に変更する諸手続きを行います。また、信託財産が受託者名義に変更されることに伴い、信託財産にかかる第三者との間の各種契約についても、所定の変更等の手続きを行います。

上場株式については、預託をしている証券会社を通じての株主名簿の書換えが必要になります。現時点では民事信託に対応している証券会社は少ないですが、民事信託への対応を前向き、積極的に検討する証券会社も増えており、今後の動きに注目です。

投資信託については、上場株式の場合と同様に、現時点では民事信託に対応している金融機関は少ないです。しかし、後記Q2の「2③」のとおり信託期間中の民事信託への対応は少しずつ始まっており、信託設定時においても対応を前向き、積極的に検討する金融機関も増えているなど、今後の動きに注目です。

また、預金債権の譲渡は金融機関の約款上認められていないため、委託者の特定の預金口座を信託財産とするのではなく、信託行為において一定額の金銭を信託財産として特定したうえで、委託者が受託者の信託専用の預金口座に振り込む方法等により引き渡します。

	主な信託財産にかかる変更等手続き／引渡し方法
不動産	①所有権移転および信託の登記申請手続き ②火災等保険契約にかかる変更等手続き ③≪賃貸不動産のみ≫ 　　賃貸借契約にかかる変更等手続き、その他
自社株式 （譲渡制限付）	譲渡承認手続き（※）＋株主名簿の書換え （※）譲渡制限付株式の場合
金銭 （現金）	①受託者名義の預金口座への振込み 　　※受託者が新規開設した信託専用口座に送金 ②現実の引渡し 　　※速やかに受託者名義の信託専用口座に入金
預貯金	（定期預金の場合は解約し）払い戻して金銭（現金）として受託者に引き渡す。

2　信託期間中

①信託関係者の変動

　信託関係者のうち、受益者が変更した際には登記申請（14章参照）や税務上の届出（13章参照）を行いますが、特に重要なのは、受託者の変更です。

　信託は、受託者が信託財産の名義人となり、一定の信託目的のみに従って信託財産の管理処分等の事務処理を行う仕組みです。そのため、信託期間中は受託者が、信託財産をめぐる各種取引や契約の当事者になります。仮に、受託者が死亡等により変更した場合、旧受託者が当事者になっていた契約等については、原則として新受託者を当事者にするための変更等手続きが必要になります。

　したがって、いつ受託者変更事由が生じてもそれら諸手続きが滞りなく完了させられるよう、必要な諸手続きの内容や方法を事前に具体的に明確化しておくことが重要です。

②信託財産の追加・交付

　信託行為の定めに基づき新たに信託財産に加わった財産がある場合、当該財産が信託財産であることが第三者に明らかになるように、その旨の契約を

**11
章**

交わし、受託者名義に変更する諸手続きを行います。また、信託財産の一部が信託財産から離脱した場合、信託財産ではなくなったことを証するための変更等の手続きを行います。

3 信託終了時

　信託が終了した場合、受託者は、信託にかかる各種費用の精算を行ったうえ、残余の財産について、信託行為において指定した帰属権利者等の固有財産にするための諸手続きを行い、信託専用口座を閉鎖します。また、信託財産が帰属権利者等の名義に変更されることに伴い、信託財産にかかる受託者と第三者との間の各種契約についても、所定の変更等の手続きを行います。

【受託者実務一覧（諸変更手続きが必要な事項）】

	変動の対象		諸手続きを要する財産／手続き		
			不動産	自社株式	信託口座
信託設定時	信託財産	【名義】委託者↓受託者	登記契約（※）変更等	名義書換え	開設
信託期間中	信託関係者	受託者	登記契約（※）変更等	名義書換え	変更等
		受託者以外	登記	－	報告等
	信託財産	追加	登記	名義書換え	報告等
		信託財産からの離脱			
信託終了時	信託財産	【名義】受託者↓帰属権利者等	登記契約（※）変更等	名義書換え	解約

（※）火災等損害保険契約、賃貸借契約（賃料振込口座）、管理委託契約等

「Q1」のほか、信託が開始してから受託者が行う信託事務の手順とその内容はどのようなものですか？

A2　受託者は、信託期間中、受益者の状況把握・信託収益の給付、信託財産の管理や収益費用の管理等を信託事務として行います。

解 説

1　受益者の状況把握・信託収益の給付

後記「2　信託財産の管理」のほか、信託における受託者の基本かつ最重要な信託事務は、受益者への給付です。なぜならば、信託の本質は、受託者が受益者のために信託事務を行うことにあるからです。

受託者が受益者に給付すべき内容・範囲・基準等は、信託行為の定めによりますが、固定的なものというわけではなく、信託財産の収支状況や、受益者の生活状況によって変わりうるものです。特に、信託の主要目的が受益者の安定的な生活・福祉・療養等の場合、受託者は、定期的に受益者等との面談・聴取をして、受益者の生活・健康状況、周囲の関係者の動向・状況等の周辺環境の現状等を確認のうえ、信託収益の給付を行っていきます。

なお、受益債権は、信託債権に後れます（信託法101）。したがって、受託者は、受益者への給付よりも、信託監督人等の信託関係人への定められた報酬支払いや、賃貸不動産の賃料回収を委託している不動産業者等の信託賃貸不動産の管理委託先への委託費用の支払等を優先して行います。

2　信託財産の管理

①株式

受託者は、本章「A3」のとおり、株主総会における議決権行使や配当金の受領等、株主としての権限を行使します。

②**不動産**

　受託者は、信託不動産に共通する定期的な信託事務として、固定資産税・都市計画税の納付や、火災等保険料の支払いを行います。また、臨時的な信託事務として、信託不動産の価値の維持・向上に必要であれば修繕・改修工事の外注や、火災事故発生時には保険金請求等があります。

　さらに、賃貸不動産を信託財産にした場合には、定期的な信託事務としては、不動産の物的管理や賃貸状況の管理に加え、賃料回収等の賃貸借契約にかかる信託事務や、賃貸事務の委託をした場合の当該委託先との取引があります。また、臨時的な信託事務としては、受託者の判断による、賃貸借契約や管理委託契約にかかる新規／変更／解約（敷金精算・原状回復工事等を含みます。）の対応があります。

③**金銭等の金融資産**

　受託者は、信託財産に属する金銭を、自己の固有財産と区別して管理しなければなりません（信託法34「分別管理義務」）。信託期間中、受託者は、信託財産をめぐる各種契約の当事者として、多数の第三者との間で、金銭の受領・支払いを伴うさまざまな取引を行います。そこで受託者は、分別管理義務を履行したことを証拠化・明確化するためにも、信託専用口座を通じて金銭の受領・支払いをするなどにより金銭管理を行っていきます。

　最近では、受託者の信託専用口座にかかるキャッシュカードの発行のみに留まらず、受託者によるネットバンキング利用を認める、また、一括払いのクレジット機能を備えたキャッシュカードを発行する金融機関も現れています。金融機関としては、受託者による安全な金銭管理が行われるようにサービス提供を行うことを求められていますが、そのうえで、いかに顧客利便が図られた信託専用口座を提供できるかも重要な課題となっています。

　なお、受託者が管理する金銭について、単に信託専用口座を開設するだけではなく、民事信託への対応した投資信託サービスを提供している金融機関もあります。この分野のサービス開始について前向き、積極的に検討する金融機関も増えており、今後の動向に注目です。

3 収益費用の管理

①会計

受託者は、信託帳簿を作成し、日々の信託事務に関する取引状況を記帳して収益費用を管理します。そのうえで原則として年に1回、信託財産および信託財産責任負担債務の概況を明らかにする財産目録・収支計算書や貸借対照表・損益計算書等の財産状況開示資料を作成して、受益者に報告します（信託法37①②③⑤、信託法施行規則33、信託計算規則4①③）。

②税務（13章参照）

受託者は、毎年1月末までに「信託の計算書（および同合計表)」（所得税法227）を、受益者変更時や信託終了時等の一定の事由が生じた時には「受益者別（委託者別）調書（および同合計表)」（相続税法59②）を作成し、税務署に提出しなければなりません。

【信託期間中の受託者実務一覧】

	信託期間中の主な信託事務	
	定期的な信託事務	**臨時的な信託事務**
【基本】	受益者の生活状況等確認 信託監督人等の報酬支払い 受益者への定期給付	受益者への臨時給付（入院・施設入居等）
株式	定時株主総会における議決権行使 配当金の受領	臨時株主総会における議決権行使 株式の譲渡手続き
不動産 **全般**	物的管理 固定資産税・都市計画税の納付 火災等保険料の支払い	修繕・改修工事の委託 火災事故発生時の対応 売却・担保設定等の処分
不動産 **賃貸**	賃料回収 賃貸借契約の更新対応 管理委託先への委託料の支払い	賃貸借契約／管理委託契約の新規・変更・解約（敷金精算・原状回復工事等を含む。）対応
会計・税務 **会計**	信託帳簿の作成（日々の取引状況の記帳） 財産状況開示資料の作成・受益者への報告	同左（受益者変更時等）
会計・税務 **税務**	税務署への届出（毎年1月末日までに前年分の収支等の報告）	税務署への届出（受益者変更時等）

※民事信託の実務上、すべての信託事務を受託者自身が行うことは現実的ではなく、信託事務の一部を専門的な第三者に委託します。

自社株式（譲渡制限付）を信託財産にする場合のポイントは何ですか？

A3 速やかな名義変更手続きが実行可能か否か、関係する諸規定を定款等から確認のうえ、株主名簿に記載された株主について名義変更をするための諸手続きを行います。また、名義変更後は、受託者が株主としての権限を行使します。なお、議決権行使に関する権利のみを信託財産にすることはできません。

解 説

1 譲渡制限付株式の名義変更

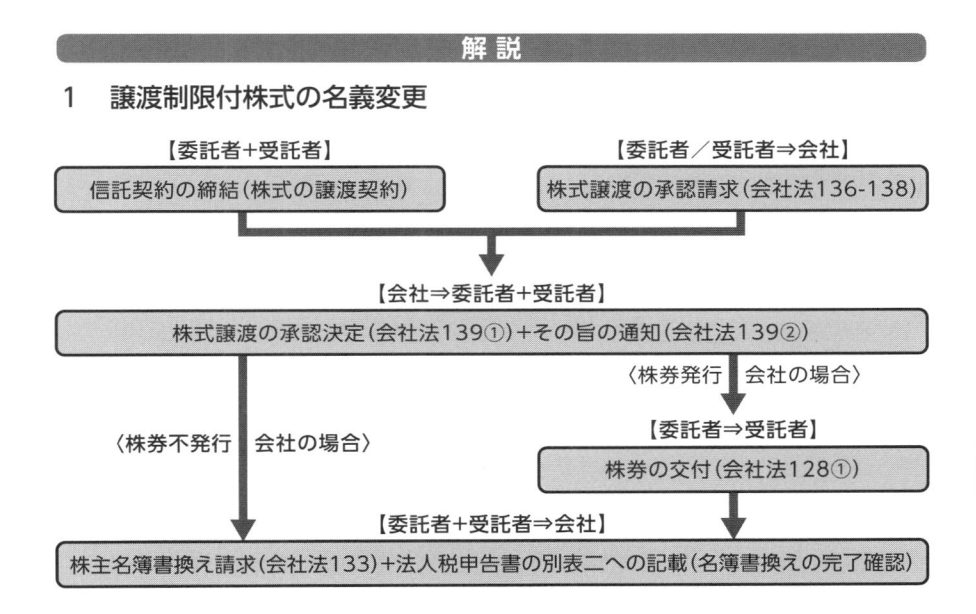

信託を設定した場合、受託者および委託者は協力し、信託した株式が信託財産に属する旨を株主名簿に記載し、または記録するための名義変更手続きを行います（会社法154の2①）。名義変更手続きが速やかに実行可能か否かについては、定款における株券発行の有無や譲渡承認機関にかかる規定、さ

らには所在不明株主の有無等の株主情報を株主名簿から確認します。

　なお、信託を設定した場合と同様に、信託期間中において受託者が変更した場合にも、名義変更手続きを行います。また、信託終了時には、株式が信託財産に属する旨の株主名簿の記載・記録の抹消請求等の手続きを行ったうえ、手続きを完了したことを法人に確認します。

2　株式にかかる受託者の信託事務

　株式にかかる信託事務として重要なのは、会社に対する株主としての議決権行使です。

　原則として受託者が当該議決権を行使します。ただし、信託行為において受託者以外の者が議決権行使の指図をする旨を定めた場合、受託者は、当該指図者からの指図に従い議決権を行使します。

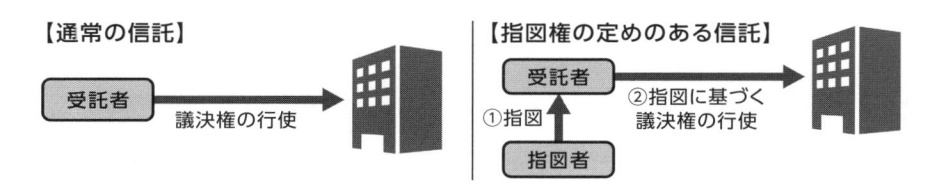

3　自益権と共益権

　株式には、権利行使の結果が当該株主個人の利益だけに影響する剰余金配当請求権等の「自益権」と、会社全体の利益のために認められる議決権等の「共益権」の2種類の権利があります。このうち共益権は、金銭に見積もることができず、したがって、議決権行使権のみを信託財産にすることはできないと考えられています。

　なお、中小企業庁が発表したモデルケース（URL：https://www.chusho.meti.go.jp/zaimu/shoukei/2008/download/080901shokei_chun.pdf）から、少なくとも非公開会社の場合には、特定の者を指図者として定める等、議決権行使の指図権を特定人に集中化させることが可能なことが明らかにされています。

不動産を信託財産にする場合に、受託者が行う設定、管理、終了までの信託事務のポイントは何ですか？

A4 現実の物件管理のほか、後記「14章」の不動産登記申請や火災保険契約にかかる名義変更手続きを行います。また、賃貸不動産を信託財産にした場合には、賃貸借契約の変更通知や、賃料回収等の借主対応を第三者に委託している場合には管理委託契約にかかる諸手続きを行います。

解 説

1　火災保険等の契約にかかる手続き（自宅・賃貸不動産共通）

　信託財産である不動産に火災が発生したにもかかわらず、受託者が火災保険契約にかかる手続きを怠っていたことにより保険金の受取りおよび回復工事が遅れた、またはなんらの保険金も受けられなかったような場合、受託者は、当該損失のてん補責任を負うことになりかねません（信託法40①一）。そのようなリスクを回避する意味でも、受託者は、信託設定に際して、火災保険契約にかかる手続きを速やかに行います。

　なお、火災保険の被保険者（保険金を受け取る者）になれるのは、保険の対象物件の所有者です。したがって、不動産を信託財産にする信託の場合、不動産の所有権登記名義人が変更するたびに、その都度、所有権登記名義人が被保険者になるように名義変更等の手続きを行います。

	火災保険契約の名義変更等が必要になる事由・状況等
設定時	信託の設定による委託者から受託者への所有権登記名義人変更
期間中	受託者の変更による旧受託者から新受託者への所有権登記名義人変更
終了時	信託の終了による清算受託者から帰属権利者等への所有権登記名義人変更

2　賃貸借契約にかかる手続き（賃貸不動産のみ）

　賃貸不動産にかかる賃貸借契約の地位や借主に対する敷金返還債務は、所有権移転に伴い、法的には当然に新所有者へと引き継がれます（最判昭和39年8月28日民集18・7・1354、最判昭和44年7月13日民集23・8・1610）。

　しかし、信託実務上は、所有権登記名義人が変更するその都度、所有権登記名義人になった受託者等が、賃借人に対して通知を行います。当該通知は、以後の家主としての対応窓口を知らしめるための貸主の変更の旨と、従前の振込先口座に家賃が振り込まれることの予防のための賃料の支払口座に関する変更依頼の旨を主な内容とします。

	通知の時期
設定時	信託契約締結後（※）
期間中	受託者の変更時（および賃料振込先口座を変更した場合）
終了時	帰属権利者等への信託財産引継ぎ後（※）

（※）・賃料支払日のタイミングによっては事前通知も検討
　　　・対抗要件を具備すべき場合には登記完了後

3　管理委託契約にかかる手続き（賃貸不動産のみ）

　賃料回収等の借主対応を宅地建物取引業者等の第三者に委託している賃貸不動産を信託財産にする場合、当該管理委託契約の地位については、前記の賃貸借契約とは異なり、賃貸人の地位の移転により当然に受託者に承継されるわけではありません。賃貸不動産の管理委託契約は、信託の設定等による所有権移転をもって、管理する目的物がなくなり債務の履行もできなくなるため、いったん終了となります。このことは、信託終了に際して、信託行為の定めに従い、帰属権利者等が受託者から信託財産である賃貸不動産を引き継ぐ場合も同様です。

　なお、信託期間中に受託者が変更した場合には、信託法上の規定により、旧受託者と当該第三者との間の契約（債権・債務）関係は新受託者に承継されます（信託法75①）。もっとも、新受託者としては、旧受託者が管理委託

をしていた第三者との契約関係を無条件に引き継ぐのではなく、それまでの
契約内容・管理状況等から総合的に判断したうえで、当該契約の継続または
変更・解除・終了の決定およびその手続きを行うことが重要です。

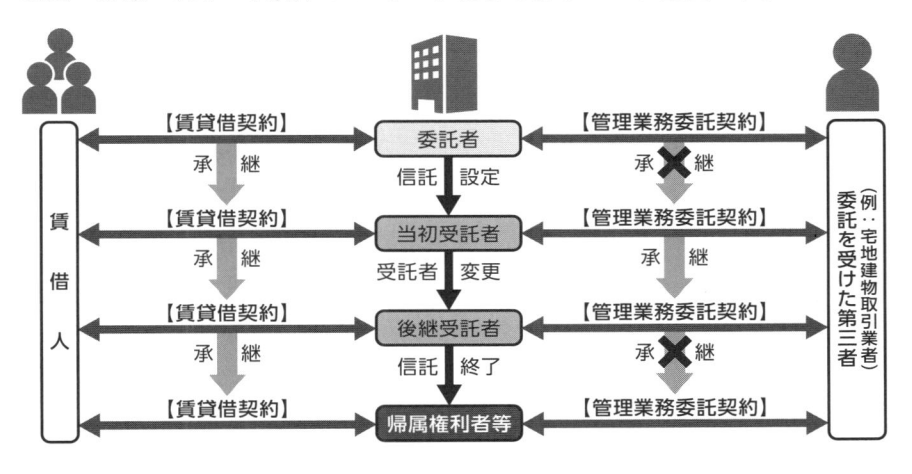

4　その他の諸手続き（賃貸不動産のみ）

　賃貸不動産を信託財産にした場合には、原則として共同住宅に課せられて
いる住宅用防災機器（火災報知器等）の設置義務に関する消防設備保守契約
等の名義変更が必要になります。信託期間中、受託者は、当該契約に基づき
一定期日に行われる点検に立ち会い、防災業者から消防設備の点検結果の説
明を受け、消防設備の保全に努めなければなりません。

12章
民事信託と他のスキームの活用

商事信託はどのようなもので、民事信託とはどう違うのですか？

A1 営業信託を商事信託、非営業信託を民事信託と呼んでいます。つまり、受託者が営利を目的として信託財産を取り扱うものが商事信託であり、民事信託はそれ以外の非営利の信託を指します。

解 説

1 商事信託の概要

商事信託も民事信託も法律上定められた用語ではなく、信託銀行や信託会社（以下「信託銀行等」といいます。）が受託者となり、顧客の財産を管理運用し、その対価として報酬を受け取るものを商事信託と呼んでいます。その中でも、投資信託が最もイメージしやすい代表例です。商事信託において、多くの信託商品が金銭を対象にしたものが多い中、不動産や自社株を対象にした商品もあります。信託業法や兼営法（金融機関の信託業務の兼営等に関する法律）によって規制され、金融庁に監督されている点も民事信託と異なる点です。信託銀行等ごとに仕組みや取扱いも異なりますが、多くの顧客に対して汎用性のある信託商品が工夫して取り揃えられています。商事信託とは言っても信託管理報酬や手数料がさまざまであり、なかには、非常に廉価に抑えられ、安定した管理運用ができるように工夫されたものも存在します。民事信託だけでなく依頼者のニーズに応じて商事信託の検討も必要です。

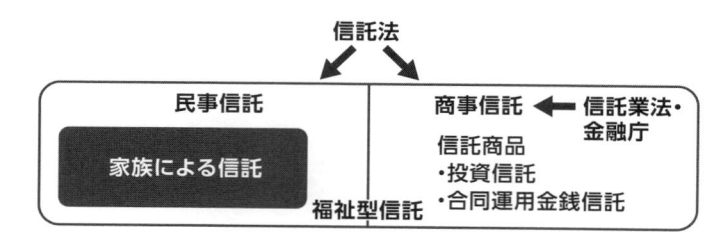

2　信託銀行等の遺言代用信託と民事信託の遺言代用信託の違いとは？

　信託銀行等の「遺言代用信託」は、相続手続きに時間がかかることの対策として、相続後速やかに必要な資金の準備や高齢者自身の生活費、葬儀費用等に充てるという多様なニーズに応えるための商品です。各信託銀行等により、その仕組みや特徴、申込みの際に受け付けることができる金額の範囲に違いがあります。必ずしも信託制度自体を利用したものでない場合もあります。

　民事信託における遺言代用信託は遺言と同様の効果を得るために設定される契約です。実務においては、委託者死亡時に特定の相続人に受益権を取得させる「遺言代用型の信託契約」と委託者が死亡時に信託を終了させて、信託財産を指定した帰属権利者等に引き継がせる「遺産分割型の信託契約」があります。

3　民事信託の遺言代用信託と信託銀行等の信託商品を比較してのメリット・デメリット

　信託銀行等の信託商品の長所は信託業法や兼営法に従い、金融庁の許可のもと安定しており、信用度の高い財産管理が行える点にあります。また、設計がわかりやすく、受託者がプロであることから安心して任せられる点はメリットです。しかしながら、その反面で制度商品として規格化された一定の機能しか持たせにくく、柔軟性に欠ける点、信託財産としては金銭が中心で自宅等を信託財産として引き受けない点、当然に業として行っているので、信託管理報酬が民事信託に比べて高くなる場合がある点がデメリットとなります。しかし、費用的な面においては、民事信託を組成するために支払う法律専門家への費用や受託者の事務の煩雑さ、ニーズによっては障がい者を受益者とする特定贈与信託の税制優遇等を考慮すると、むしろ商事信託を選択した方が有利になる場合もあるので、比較検討は行いましょう。

　また、民事信託であっても商事信託であっても、遺言代用信託は、遺贈や死因贈与と同様または類似のものとして、特別受益の持戻し制度や遺留分侵

害額請求の対象となるので、信託の組成時には相続法との関わり、税法の適用を考慮して設計していく必要があります。

4　利用されている商事信託について

　商事信託については各信託銀行、信託会社において名称や対象者、取り扱う金額やサービス内容は少しずつ異なりますが、さまざまな商品が用意されています。一般的な名称と、その内容は以下のとおりです。

名　称	内　容
遺言代用信託	遺言の代わりになるような信託で、委託者が自身の財産を信託銀行や信託会社に信託し、自身が死亡したときは、配偶者や子どもを受益者や帰属権利者にすると定めたもの。委託者が死亡した後は速やかに受益者に一時給付や定期給付を行える。したがって、遺産分割協議が整うまでの間、亡くなった方の預金口座がすべて支払停止になることの対策として利用もされる。信託報酬はリーズナブルで、簡単な手続きで設定されることが多いのも特徴。
特定贈与信託	特定障がい者（重度の心身障がい者、中軽程度の知的障がい、障がい等級2、3級の精神障がい者等）の方に生活費や医療費を定期的に金銭で支払う仕組みの商事信託。特定障がい者が受益者となると、6,000万円を限度に贈与税が非課税になる特例が設けられているのも特徴。
後見制度支援信託	法定後見制度の財産管理をバックアップする信託。家庭裁判所の指示書に基づいて、安心安全に財産を保全する役割がある。
特定寄付信託	公益法人やNPO法人に寄付する社会貢献活動を支援する信託。寄付の選定先を柔軟に対応できるメリットがあり、条件を満たせば寄付控除等を受けることもできる。
教育資金贈与信託	満30歳未満の子や孫を受益者として、教育資金として贈与を行う信託。さまざまな条件があるものの、1,500万円を限度として贈与税を課税されずに援助することができる。（※）
結婚・子育て支援信託	子どもや孫に対して、結婚や出産、子育てに関する資金を援助する信託。さまざまな条件があるものの、1,000万円を限度として贈与税を課税されずに援助することができる。（※）

※租税特別措置法に定められた適用を受けることができる信託で、令和3（2021）年3月31日までの間に信託銀行等と信託契約を締結する必要があります。具体的な内容や期限については取扱金融機関に確認が必要です。

民事信託または、死因贈与や負担付遺贈を選択するポイントはありますか？

A2　民事信託においては、受益者が死亡したとしても、原則、信託財産の所有権は受託者が保有したままで、受益権を後継の受益者が取得します。死因贈与や負担付遺贈においては、贈与者（遺贈者）が死亡した時点で、受贈者（受遺者）が指定された財産の所有権を取得します。

解　説

1　死因贈与とは

　死因贈与とは、贈与をする人（贈与者）と贈与でもらう人（受贈者）が契約することによって、贈与者の死亡を条件に、その財産を贈与する契約です。

　民事信託を活用した場合、受益者の死亡により後継の受益者に信託財産の所有権ではなく、受益権を与えることになります。一方、本人が死亡した際に財産の承継を行う契約を生前にする死因贈与では、贈与者の死亡を起点として、その相続人や遺言執行者の手続きを経て、受贈者に所有権が移転します。

　死因贈与が双方契約である契約行為である点で、単独で行うことができる遺言によってする遺贈と異なります。また、契約ですので、贈与者の死亡後に一方的に放棄することは制限されます。

　死因贈与は民事信託に比べ、生前の財産管理の機能がありません。法律関係はシンプルにできるものの、受贈者が未成年であったり、贈与者の死亡時点で受贈者が契約能力や判断能力を有しない場合には、受け取った財産の管理運用処分ができないため、別途、受遺者の法定後見制度等も検討することが必要になる場合もあるでしょう。

12章

2 負担付遺贈とは

　負担付遺贈とは、遺言によって、財産を遺贈するもののなかで、受贈者に対して、財産を受け取る見返りに、やってもらいたいこと等の義務（負担）を履行してもらうことを定めた手続きです。受遺者が遺言者より先に死亡した場合は、その効力は発生しません。遺言執行者等から財産が受遺者に渡された後も、その負担を受遺者が履行しない場合は、他の相続人らがその遺贈の取消しを家庭裁判所に請求することができます。

　また、遺贈の種類として、与える相続財産の割合を決めて渡す「包括遺贈」と、特定された財産を渡す「特定遺贈」があります。前者は負債までも割合に応じて承継する可能性がある点、後者は死亡時点でその財産がなくなっている、または処分されている場合はその財産を受け取れない可能性がある点に注意が必要です。たとえば、遺贈される予定の不動産が売却されてしまった場合は、原則、遺贈の撤回があったとされ、その対価である売却代金を受け取ることはできません。

　負担付遺贈によって遺言者の期待する目的を達成することもできますが、財産管理の面における上記 1 と同様の不安に加え、受贈者の利益保護の規定はないため、負担の不履行や遺贈の取消し等があった場合、受贈者が期待していた権利を取得できるかは不安定になる可能性があります。

　民事信託においては、やってもらいたい義務を履行する人（受託者）と、財産を渡したい人（受益者）の権利を明確にして受益者を保護する仕組みになりますが、負担付遺贈は財産をもらう人がその義務を履行しなければ受贈者の権利が失われるので、履行の実現可能性を検討しなければなりません。

信託契約と一緒に利用を検討した方が良い手続きは何ですか？

A3　民事信託による財産管理のみではカバーできない範囲を、成年後見、任意後見、遺言および遺言執行者、生命保険を活用して対応する検討を行うとよいでしょう。

解　説

1　成年後見を活用する場合

　成年後見制度とは、精神上の障がい（知的障がい、精神障がい、認知症）等により判断能力が十分でない方が不利益を被らないように家庭裁判所に申立てをして、その方を援助してくれる人を付けてもらう制度です。

　成年後見制度と民事信託の大きな違いは、成年後見制度は身上保護の機能であり、成年被後見人等の生活と介護で必要になる契約行為等にまでその権限が及ぶ点にあります。成年後見制度においては、本人の財産管理にとどまらず、本人に代わって財産の管理処分に限らない契約行為を行うことができます。施設入所の際に、どのような施設やサービスが本人に適しているかの判断や、またその契約、遺産分割協議書への押印等の法律行為は民事信託のみでは対応できない範囲であり、その必要がある場合は成年後見制度の利用・併用を検討します。

　また、成年後見制度は本人からその者のすべての財産を包括して管理することになる点が、一部の特定された信託財産の管理や処分を行う民事信託と異なります。民事信託では年金等の一身専属の将来債権を含めたり、委託者のすべての財産を信託財産として対応をすることはできません。

　さらに、成年後見制度は裁判所が直接的または間接的に関与し、本人のための財産管理等をより厳格に監督するため、家族間で財産管理方法について

12
章

その考え方で意見が分かれる場合には、被後見人の権利保護において成年後見制度の利用を積極的に検討するとよいでしょう。

　ただし、成年後見制度は法制面・実務面から、家族のための財産利用や積極的な資産活用等については制限がある点、また成年後見人等は裁判所から選任された家族以外の者が関与する場合があることも考慮し、民事信託との併用を検討しなくてはなりません。

2　任意後見を活用する場合

　任意後見制度とは、本人が十分な判断能力がある間に、将来の判断能力が不十分になる状態に備えて、あらかじめ自身で任意後見人となる者を選び、自分の療養看護や財産管理を代理してもらうように公正証書で契約しておく手続きです。

　法定成年後見制度と異なり、自身で任意後見人を選任することができるので、民事信託契約を組成するタイミングと同時に手配ができる点と、民事信託契約と連携してスムースに本人のために行動できるよう、本人の選んだ相性の良い任意後見人を決めることができる点で制度を併用しやすいと言えます。また、任意後見契約で与えることのできる代理権の範囲を本人の意思で事前に設計できる点で法定成年後見制度より柔軟性があると考えられます。

　ただし、成年後見のような契約行為の取消権や同意権を有していない点と、代理権の範囲に制約がある点には注意する必要があります。

3　遺言および遺言執行者を活用する場合

　遺言と民事信託は、相続時に財産を承継する機能において類似した制度です。遺言は本人の死亡後にその効果が発生し、財産等の承継が相続人等になされるのに対して、民事信託は生前から財産を別途管理し、受益者の死亡後、後継の受益者または、帰属権利者等を定めて財産を承継することもできます。

　信託契約においては、その対象となる信託財産は一部の特定された財産のみを取り扱うことになるので、その他の財産については遺言が必要となりま

す。信託財産以外の財産が、死亡時点でどれだけ残っているのか、その形状が金銭なのか不動産なのか、有価証券等であるのか不確定であるため、遺言や遺言執行者を活用して、円滑な承継を図る必要があります。

4　生命保険の活用

　民事信託は委託者の財産管理やその信託された財産の承継を行うことができますが、現時点で資産がない場合には利用することが難しい制度です。将来の財産の形成や承継のタイミング、リスク回避を行う場合には民事信託制度と併せて、生命保険の活用をすることが考えられます。また、民事信託で不動産を信託財産として承継を検討する場合、相続税の支払いや信託財産の帰属権利者への適切な資産承継、または遺留分対策を行う必要がある場合は、税理士とともに納税・遺産分割等を総合的に検証して、生命保険の併用を積極的に検討しましょう（本章Q4参照）。

　また、生命保険金は相続財産に含まれず、指定された受取人の固有財産になります。ただし、生命保険契約の内容や受取人をどのように指定しているかによって取扱いが異なる場合もあります。

　なお、生命保険会社が信託会社を受託者として、保険金受取請求権を信託財産として受益者のニーズに応える「生命保険信託」という商事信託の商品もあります。

民事信託に生命保険は活用できますか？ また生命保険信託とは何ですか？

A4 民事信託の検討にあわせて、生命保険等を活用することにより、家族の期待や不安解消につながる提案ができる場合があります。

1　生命保険の活用と民事信託の併用

　資産承継に生命保険を活用することは従前からよく提案され、利用されています。生命保険を活用すると、本人が死亡等した場合に、受取人の単独の手続きで比較的早く受取りが可能です。相続財産とは切り離した財産を病院や施設に対する治療費等の本人の死亡後に残る支払債務や葬儀費用に充てるために分けておくことができます。また、一定の相続人の納税資金に利用したり、遺産分割における代償分割の資金や、遺留分侵害額請求の際の金銭債務交付の資金に充足することも多いでしょう。さらに、原則として、受け取った生命保険金のすべてが課税対象となるわけではないので、その非課税枠の利用もできます。

　民事信託自体は財産管理の一手法であることから、いざというときには、財産を生み出す機能をもつ生命保険と併用することによって、より依頼者の不安の払拭に役立つケースも多いでしょう。生命保険のコンサルティングをする中で確認していく情報と民事信託で必要になる情報は密接に関係していることから、生命保険の提案の場合においても、民事信託の検討は有用と考えられます。

2　生命保険信託（商事信託）の活用

　①生命保険信託とその仕組み

生命保険信託とは商事信託の一つで、委託者が生命保険の契約者として生前に生命保険会社と保険契約を行い、その死亡保険金を、万一の場合に受託者となる信託銀行または信託会社（以下「信託会社等」といいます。）に受け取ってもらい、あらかじめ委託者が設計した給付内容で信託会社等が受益者となる者に給付していく仕組みです。生命保険金を受け取ったとしてもその財産の管理ができない配偶者や子ども等のために、信託会社等が受託者として安全に管理し、給付することができます。また指図権者をつけることで、受益者のニーズに沿った保険金の利用を実現することが可能です。

【生命保険信託の手続きの流れ】
1．保険会社と生命保険契約（被保険者は契約者本人）の締結
　　　　↓
2．契約者（委託者）と信託会社等が信託財産を保険金支払請求権とする信託契約を締結し、保険会社との間で保険金受取人の契約者変更
　　　　↓
3．契約者の死亡等により死亡保険金が発生した場合は、信託会社等（受託者）が保険会社に保険金を請求し、支払いを受ける
　　　　↓
4．信託会社等（受託者）が信託契約に定められた給付内容や方法によって受益者にその死亡保険金（信託財産）を給付する
　　　　↓
5．受益者が死亡した場合は、その信託契約の内容に従い、次の受益者に給付を行っていくか、または信託契約を終了し、指定された帰属権利者に残った財産を給付して終了する

---

②生命保険信託（商事信託）が向いている事例

民事信託と異なり、生命保険信託においては、受託者が信託会社等になることで、受託者となる適任者がいない場合や、現時点で信託する金銭を有していない状況であった場合でも、自身が死亡した時点で子どもらに財産を残し、その管理方法まで指定したい事例に向いています。生命保険の契約のみでは、その管理や利用を行えない状況において受取人が一度に財産を受け取った場合、生命保険契約をした目的である安定した生活資金の利用を達成で

きない可能性があります。生命保険信託では、保険金が支払われた後の管理や支払い方を工夫することができ、契約者が死亡した後も、定期的な給付等を達成することができます。

　たとえば、障がいを持つ子の高齢の親が、自身に万一があった場合に給付される死亡保険金を子のために安定して将来使ってもらいたい場合、障がいを持つ子自身では管理や活用は難しいでしょう。他の子や自身の兄弟等を保険金の受取人として子のために利用することを頼んだとしても本当に障がいを持つ子のためだけに使ってくれるか不安な場合も、生命保険信託の利用が向いています。また、未成年の子を持つ一人親が万一の場合に備え、その子が受け取る死亡保険金を準備していたとしても、（離婚等をした自分以外の）親権者となる者とそのお金の使い方の認識が異なることが想定される場合においても利用を検討できると考えられます。さらに、高齢な配偶者を死亡保険金の受取人にしたい場合、受取人がその時点で認知症等や大きな疾病で財産管理を適切にできない可能性がある時にも活用が可能です。

　しかし、生命保険信託は金銭の支払いのみが内容となり、居住のために残す不動産等の管理や処分までは対応できないため、金銭以外の財産については併せて民事信託の利用を検討することになります。

③民事信託による保険金支払請求権や生命保険契約自体を信託財産とする信託について

　民事信託においても、生命保険信託（商事信託）と同様に信託財産として保険金支払請求権（死亡保険金請求権、満期金受取請求権、解約返戻金受取請求権）を加えることができるかという議論があります。保険会社が保険金の支払先として、受託者の財産とは分別管理された信託専用口座に振り込むことができるか、またその保険金支払請求権自体に譲渡禁止の特約が付されていないかにより、検討が必要になります。法律的な理論として、保険金請求権自体は民法上の指名債権（民法476）と考えられ、債務者たる保険会社への通知によって信託財産とすることも可能と考えられますが、各保険会社の保険約款上、取扱いが難しいのが現状です。また、多くの保険会社におい

て、自然人でなければ保険金を受け取ることができない商品も多いので、受託者として一般社団法人等を利用する場合にはその設計にも注意が必要です。

　生命保険契約における保険契約者の地位自体を信託財産として信託契約をする場合は、契約者の変更を伴うため、保険会社の承諾が必要になると考えられます。海外では多くの取扱いがあるものの、日本国内において、今後どのように取り扱われていくかについては、活発な議論が期待されます。

12章

民事信託は証券会社の上場株式、投資信託等の有価証券にも利用できますか？

A5 信託財産として、上場株式、投資信託等の有価証券（以下「有価証券等」といいます。）を信託し、それを受託者が管理処分したり、信託された現金で有価証券等を購入できる取組みが始まっています。

解 説

1 証券会社の民事信託に対する取組み

信託できる財産の種類は、原則として、お金や有価証券等、土地・建物など、金銭的価値のあるものであれば対象になります。ただし、その財産は委託者からも受託者からも独立して分別管理され、不動産等の定められた財産については登記登録する必要があります。民事信託において、自身が経営する非上場会社の自社株を信託財産として承継対策を行うことも多いでしょう。

最近では、銀行等で民事信託に対応した信託専用口座を開設して受け入れることが増えてきたこともあり、そのニーズの拡大により一部の証券会社でも上場している有価証券等を倒産隔離機能を持たせた分別管理ができる信託専用口座を開設して、民事信託に対応できる取組みを始めています。

2 証券会社の信託専用口座について

民事信託において、信託財産は委託者から受託者に名義を変更し、かつ委託者や受託者の固有財産とは分別管理する必要があります。証券会社で取り扱う有価証券等の商品も信託財産となりうる財産ですが、信託された場合は、受託者が信託財産を管理する信託専用口座で管理する必要があり、その開設に応じる証券会社も存在します。その口座の名称等は証券会社ごとに異なるようですが、銀行が開設する信託専用口座と異なり、ほふり（保管振替制度）

の記録のために受託者名義とすることの制約や、信託専用口座の中に入っている有価証券等の利益は、税法上は受益者に課税されるため、支払調書（受益者のマイナンバーが必要）等税務上の手当てが必要になります。

　開設される口座が一般口座で用意されている場合、原則、受益者は確定申告を行うことになります。また、信託財産である現金で受託者が有価証券等を購入した場合も、この信託専用口座に入ることになりますが、信託財産を投機的に運用されることは、信託目的に馴染まないため、一定の運用制限をしている場合もあるようです。

　なお、株式が信託された場合、その株式の議決権の行使は受託者が行うものであり、株主名簿にも受託者名が記載されることになります。

3　各種金融機関の今後の取組みと期待

　民事信託の信託財産に有価証券等を加える検討をするケースとして、有価証券等を有するものの、疾病や認知症が不安である本人自身においても、売却するタイミングとしてはまだ先の時期を考えている場合や、自身は有価証券等の取引に積極的だったが、その財産を継がせるつもりである配偶者らの知識の多寡や性格からみて投資の取引に向かないという場合があります。また、自身が高齢となり、株式の運用等に気遣いするよりは、よりその取扱いに向いている子どもらにその管理や運用を任せたい、複数いる子どもたちに将来分けたいと思っているものの、その株価が急落するような状況の時は、速やかに売却して安定した資産に変更しておきたいというニーズがあります。

　遺言の場合、自分が死亡時点で株式をどの銘柄をどれだけ有しているか、生前にその株式を売却したり、買い増しをした場合、その分け方について記載が難しくなる場合もあります。そこで、民事信託を活用して不測の事態にも対応できるよう管理を託しておけば、自身が高齢になったとしても、安心して有価証券等の保有を継続しやすいでしょう。有価証券等が現金に比べて管理運用に知識や責任を伴うことが多いことを考えると、民事信託によって、その方向性を明確にしておくことが、ニーズに合致する場合もあるでしょう。

今後、証券会社や各種金融機関にとっても民事信託の利用や取組みの検討を行うことは、顧客サービスの向上につながることになると言えます。

13章

課税・手続きの概要と留意点

Q1 信託に関する税制はどのようになっていますか？

A1 信託に関する税制の概要は、次のとおりです。民事信託の課税関係については、一般的には「受益者等課税信託」を中心に整理されることとなります。

【信託の種類と課税の方法の区別】

新しい信託税制の全体像（概要）

［課税方法］　　　　　　　　　　　　　　　　　　　　【信託の種類】

受益者段階課税 （発生時課税） （信託収益の発生時に受益者等に課税）	○不動産・動産の管理等の一般的な信託 ・信託財産に属する資産・負債及び信託財産に帰せられる収益・費用の帰属すべき者の範囲の整備 ・信託損失に係る適正化措置 ▶個人受益者等の信託に係る不動産所得の損失は、生じなかったものとみなす ▶法人受益者等の信託損失のうち信託金額を超える部分を損金不算入	受益者等課税信託
受益者段階課税 （受領時課税） （信託収益を現実に受領した時に受益者に課税）	○特定受益証券発行信託 受益証券発行信託のうち、受託者が税務署長の承認を受けた法人、未分配利益が信託元本総額の2.5%以下であること等の要件に該当するもの ○合同運用信託 範囲の適正化 ○一定の投資信託（証券投資信託・国内公募等投資信託・外国投資信託） ○退職年金等信託、特定公益信託等	集団投資信託
信託段階法人課税 （信託段階において受託者を納税義務者として法人税を課税）	○特定受益証券発行信託に該当しない受益証券発行信託 ○受益者等が存在しない信託 遺言により設定された目的信託や委託者の地位を有する者のいない信託で受益者等が特定されていないもの等 ○法人が委託者となる信託のうち、次に掲げるもの ・重要な事業の信託で、受益権の過半を委託者の株主に交付するもの ・長期（信託存続期間20年超）の自己信託等 ・損益の分配割合の変更が可能である自己信託等 ○投資信託（受領時課税される投資信託以外） ○特定目的信託	法人課税信託

相続税等において、受益者連続型信託（信託行為に、一定の場合に受益権が順次移転する定めのある信託）等に対し相続税等を課税する措置や受益者等が存在しない信託を利用した相続税等の租税回避に対応する措置を創設

※1 点線の枠内が平成19年度税制改正により措置。原則として、信託法施行日以後に効力が生ずる信託について適用
※2 「受益者等」とは、受益者としての権利を現に有する受益者及びみなし受益者をいう
※3 公益信託は、従前と同様の取扱いを維持

（出典：財務省「平成19年度税制改正の解説」）

解 説

1　信託法と税法における信託財産の帰属の考え方の違い

　信託法では、信託財産は受託者に帰属するものとされ、法律的にも受託者の所有名義となることで、財産の分別管理や倒産隔離といった信託の機能の実現が図られることになります。一方で、税法では、信託財産から生じる果実は受益者に帰属するという実質（経済的な帰属）に着目し、課税関係を構成するため、受託者を導管としたパススルー課税（構成員に課税する仕組み、つまり受益者等課税のこと）となります。

　信託法と税法では信託財産の帰属の考え方に差異があることに留意が必要です。

【信託法と税法における信託財産の帰属の考え方の違い】

委託者	信 託	受託者	分 配	受益者
財産権を有する者		財産権を管理する者		自己または他人

〔信託財産の帰属の考え方〕	受託者	受益者
信託法 （法律的な帰属）	○ （分別管理）	
税法 （経済的な帰属）		○ （税法上、所有者とみなす）

2　受益者等課税信託

(1)概要

　受益者等課税信託は、集団投資信託、退職年金等信託、法人課税信託以外の信託として定義されています。受益者等課税信託は、税法上、受益者等が資産および負債を有する者とみなし、また、その資産および負債に帰属する収益および費用も受益者に帰属するものとみなして課税関係が整理されます。

　不動産や動産の管理等の一般的な民事信託では、この受益者等課税信託としての課税関係の整理が税務の基本となります。

13章

【参考】税法上の「受益者」の範囲（「受益者等」の意義）

　受益者等課税信託の受益者の範囲については、信託法上と税法上で異なります。

　税法上の受益者は、「受益者等」として、「受益者としての権利を現に有する者」および「みなし受益者」という概念で定義されています。相続税法では、このみなし受益者を「特定委託者」と定義しています。

　実務的に頻出するものではないと考えられますが、税法上の受益者の範囲は、信託法上の定義（受益権を有する者）より広く設定されていることには留意が必要です。

■税法上の受益者の範囲（受益者等）

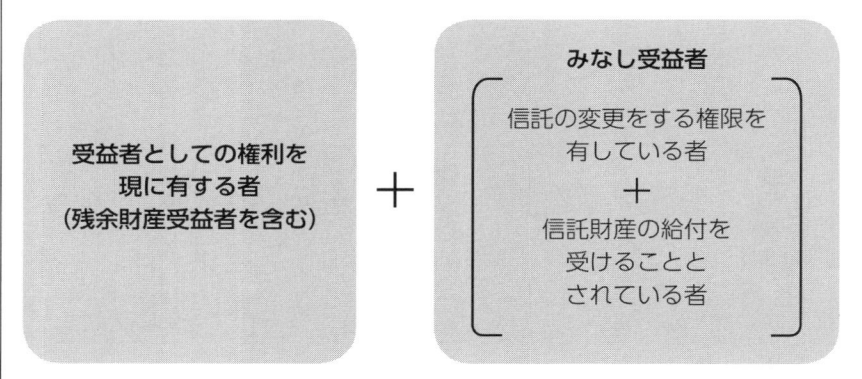

　みなし受益者（特定委託者）は、基本的には委託者を念頭にした概念です。みなし受益者に該当する委託者の具体例としては、信託の変更をする権限を現に有している次に掲げる場合の委託者および停止条件が付された信託財産の給付を受ける権利を有する者をいいます。

　イ　信託行為により帰属権利者と指定されている場合

　ロ　信託行為に残余財産受益者もしくは帰属権利者の指定に関する定めがない場合

　ハ　信託行為の定めにより残余財産受益者等として指定を受けた者のすべてがその権利を放棄した場合

⑵主な課税関係の整理

①納税義務者

受益者等課税信託の納税義務者は、受益者等となります。

②課税の方法

信託財産に帰せられる収益および費用の発生時に所得を認識する必要があります。

③信託損失に関する規制

受益者等が個人の場合、信託財産である不動産から生じた不動産所得の損失の金額は生じなかったものとし、翌年分以降に繰り越すこともできません。

受益者等が法人の場合、信託から生じる損失の金額について、損金算入に制限が設けられています（詳細は本章Q 4参照）。

3　法人課税信託

⑴概要

法人課税信託には、次に掲げる信託が該当します（集団投資信託等一定の信託を除きます。）。たとえば、今はいないこれから生まれてくる孫が受益者とされている信託やペットのための信託は、法人課税信託の課税関係で整理されることになります。

【法人課税信託の類型】

①　受益証券を発行する旨の定めのある信託
②　受益者が存在しない信託
③　法人が委託者となる信託で一定のもの
④　特定投資信託（委託者指図型証券投資信託、国内公募投資信託以外のもの）
⑤　資産流動化法に定める特定目的信託

⑵主な課税関係の整理

①納税義務者

法人課税信託の納税義務者は、受託者（受託法人）となります。

② 課税の方法

法人課税信託の受託者には、各法人課税信託の信託資産等および固有資産等ごとにそれぞれ別の者とみなして、法人税法の規定が適用されます。受託者が個人の場合でも法人税が課税されます。事業年度は、信託行為に定められた信託の計算期間となります。

なお、受託者とみなされる法人（受託法人）については、中小企業者等に対する軽減税率の特例等の規定の適用はありません。

4　集団投資信託

(1)概要

集団投資信託とは、合同運用信託、証券投資信託、国内公募投資信託および特定受益証券発行信託をいいます。

(2)主な課税関係の整理

①納税義務者

集団投資信託の納税義務者は、受益者です。

②課税の方法

集団投資信託の受益者は、他の金融商品との均衡から、収益の分配時（受取時）に課税が行われます。この場合に受益者が個人であれば、合同運用信託の収益の分配であれば利子所得、公社債投資信託以外の証券投資信託の収益の配当であれば配当所得として課税されます。

なお、退職年金等信託や特定公益信託等についても、分配時課税になります。

受益者等課税信託の設定から終了までの課税関係の概要はどのようになっていますか？　自社株信託ではどうですか？

A2 民事信託（受益者等課税信託を前提とします。）の設定時、信託期間中、受益者変更時、終了時の基本的な課税関係を図表でまとめると、次のとおりです。

1　基本的課税関係

【当事者はいずれも個人とし、適正対価の授受がない場合の課税関係】

事由	当事者の関係 （いずれも個人）	課税関係 （適正対価の授受なし）	
		課税の対象者	課税関係
信託の 効力発生時	委託者＝受益者等	〔課税関係なし〕	
	委託者≠受益者等	受益者等	贈与税または 相続税
信託期間中	受益者等	受益者等	所得課税
受益者等 変更時	前受益者等≠ 新受益者等	新受益者等	贈与税または 相続税
信託の 終了時	終了時の受益者等＝ 残余財産の帰属者	〔課税関係なし〕	
	終了時の受益者等≠ 残余財産の帰属者	残余財産の 帰属者	贈与税または 相続税

13章

2 流通税等の課税関係

(1)登録免許税

	登記の種類	登録免許税の税率
信託設定時	信託の登記	土地　0.4% （ただし、令和3年3月31日までは0.3%） 建物　0.4%
	所有権移転登記	非課税
受益権売買時	信託目録の変更	不動産1件　1,000円
受託者の変更		非課税
信託終了時	所有権移転登記	土地　2.0% 建物　2.0%
	相続登記の場合 （※1）	土地　0.4% 建物　2.0%
	自益信託の場合 （※2）	非課税
	信託登記抹消	不動産1件　1,000円

（※1）信託財産を受託者から受益者に移す場合で、その信託の効力発生時から引き続き委託者のみが信託財産の元本の受益者である場合において、その受益者が信託効力発生時における委託者の相続人であるときは、その信託による財産権の移転の登記は相続を原因とした登記と同様に扱われます。

（※2）信託の効力発生時に引き続き委託者のみが信託財産の元本の受益者である信託で、信託財産を受託者からその委託者兼受益者に移す場合（すなわち、信託の効力発生時からその終了時まで単独自益信託である信託が終了する場合）には、登録免許税は非課税となります。

> ※国税庁では、平成29年6月22日および平成30年12月18日に、ホームページ上で登録免許税に関する信託の取扱いの文書照会事例を掲出しています。いずれも実務上の参考になるものですが、これらの照会事例における「委託者の地位の移転」については、税務的な視点のみならず、信託の期間を通じた全般的・長期的な視点でその是非を検討すべきであると思われます。

(2)不動産取得税

	不動産取得税の税率
信託設定時	非課税
受益権売買	課税なし
信託終了時（※）	土地　4% 　　ただし、令和3年3月31日までは3% 　　（課税標準は宅地評価額の1/2） 家屋　4%

（※）　信託終了時において、信託の効力発生時から引き続き委託者のみが信託財産の元本の受益者である信託により受託者から、次に掲げる受益者に信託財産を移転する場合には、不動産取得税は非課税となります。
　①信託効力発生時から引き続き委託者である者
　②信託効力発生時における委託者から相続により不動産を取得する相続人

(3)印紙税

課税文書	文書の帰属	印紙税額
信託行為に関する契約書	第12号文書 （信託行為に関する契約書）	1通　200円 （ただし、信託法3条2号の遺言信託を設定するための遺言書および同条3号の自己信託を設定するための公正証書その他の書面は、第12号文書には該当しない。）
受益権の売買に関する契約書等	第15号文書 （債権譲渡または債務引受けに関する契約書）	1通　200円 （ただし、譲渡金額が1万円未満の契約書については、非課税）

(4)固定資産税・都市計画税

　固定資産税および都市計画税（以下「固定資産税等」といいます。）の納税義務者は、固定資産の所有者として賦課期日（毎年1月1日）において、登記簿または土地補充課税台帳もしくは家屋補充課税台帳に所有者として登記または登録されている者となり、信託されている不動産は、受託者がその納税義務者となり、受託者は受益者に対し、費用の請求を行うことになります。

1 信託の効力の発生時の課税関係

受益者等課税信託の効力発生時（信託の設定時）においては、税法上、委託者から受益者等に信託財産が移転したものとして課税関係を整理することになります。

(1)自益信託(委託者=受益者等)の場合

受益者等課税信託の委託者と受益者等となる者が同一となる自益信託の場合には、形式的には財産の移転を観念しませんので、信託財産の移転にかかる課税関係は生じません。

(2)他益信託(委託者≠受益者等)の場合

受益者等課税信託の委託者と受益者等が異なる他益信託の場合には、委託者から受益者等に信託財産が移転したものとして整理することになります。

したがって、他益信託において、委託者（個人）と受益者等（個人）との間で適正な対価のやりとりがなく信託が設定された場合には、受益者等となる者が信託財産を贈与（委託者の死亡により効力が発生する場合には、遺贈）により取得したものとみなし、受益者等となる者に贈与税または相続税の課税関係が生じることになります。信託財産が賃貸アパートのような物件の場合には、負担付贈与の課税関係に注意が必要です（次頁【参考】参照）。

なお、信託の設定にあたり、対価の負担がある場合（すなわち、信託受益権が譲渡される場合）には、委託者が受益者等に信託財産を譲渡したものとして、委託者に譲渡税の課税関係が生じます。また、対価の額が適正でない場合には、差額について委託者または受益者等に贈与税の課税関係が生じる可能性があるので、留意が必要です。

【参考】国税庁質疑応答事例

賃貸アパートの贈与に係る負担付贈与通達の適用関係

（https://www.nta.go.jp/shiraberu/zeiho-kaishaku/shitsugi/sozoku/14/08. htm）

【照会要旨】

　父親は、長男に対して賃貸アパート（建物）の贈与をしたが、本件贈与に当たって、賃借人から預かった敷金に相当する現金200万円の贈与も同時に行っている。この場合、負担付贈与通達（平成元年3月29日付直評5外）の適用を受けることとなりますか。

【回答要旨】

　敷金とは、不動産の賃借人が、賃料その他の債務を担保するために契約成立の際、あらかじめ賃貸人に交付する金銭（権利金と異なり、賃貸借契約が終了すれば賃借人に債務の未払いがない限り返還されます。）であり、その法的性格は、停止条件付返還債務である（判例・通説）とされています。

　また、賃貸中の建物の所有権の移転があった場合には、旧所有者に差し入れた敷金が現存する限り、たとえ新旧所有者間に敷金の引継ぎがなくても、賃貸中の建物の新所有者は当然に敷金を引き継ぐ（判例・通説）とされています。

　ところで、照会のように、旧所有者（父親）が賃借人に対して敷金返還義務を負っている状態で、新所有者（長男）に対し賃貸アパートを贈与した場合には、法形式上は、負担付贈与に該当しますが、当該敷金返還義務に相当する現金の贈与を同時に行っている場合には、一般的に当該敷金返還債務を承継させ（す）る意図が贈与者・受贈者間においてなく、実質的な負担はないと認定することができます。

　したがって、照会の場合については、実質的に負担付贈与に当たらないと解するのが相当ですから、負担付贈与通達の適用はありません。

（注）　なお、照会の場合については、実質的に負担付贈与に該当せず、譲渡の対価がありませんので父親に対して譲渡所得に係る課税は生じません。

2　信託期間中の課税関係

⑴受益者等に対する課税

　信託税制では信託財産から生じる収益・費用は受益者等に帰属するという経済的実質に着目し、受益者等を形式的な信託財産の所有者とみなし、パススルー課税により所得に対する課税関係を整理することとしています。

(2)所得の計算期間

信託法では、受託者は毎年1回、一定の時期に貸借対照表、損益計算書等を作成し、受益者に報告しなければならない（信託法37②③）とされていますが、信託の計算期間については、信託契約の定めによることとなります。

しかしながら、所得税法による所得計算は、暦年によることとされていますので、信託契約に暦年以外の信託期間が定められているとしても、所得計算は、毎年1月1日から12月31日までの期間で行います。

一般的には、受益者が個人となる信託については、受託者の事務負担を考慮すると、信託契約上もその計算期間を暦年に合わせることが適切と考えられます。

(3)総額法による所得の計算

信託にかかる収益は、通常、受託者から受益者に対して収益から費用を差し引いたネットの金額（純額）により支払われることになりますが、所得計算上は、グロスの金額（総額）により計算する必要があります。

具体例 ❶〔収益不動産を信託する場合〕

Q ▶ 私（個人）が有する信託受益権（信託財産は賃貸建物）について、令和X2年1月末日に利益の分配500万円を受け取りました。この500万円については、令和X2年分の所得として不動産所得の総収入金額に500万円として計算すればよろしいでしょうか。なお、受託者から交付を受けた信託の決算書の写しには次のとおり記載があります。

【信託の決算書の内容】

```
〔信託の決算書の内容〕
    計算期間　令和X1年1月1日～令和X1年12月31日
    不動産収入　　1,000万円
    租税公課　　　　200万円（固定資産税等）
    修繕費　　　　　150万円
    修繕積立金　　　150万円（資産計上）
    差　　引　　　　500万円
```

　なお、減価償却費は定額法により毎年200万円を計上しています。

　A ▶ 令和Ｘ１年分の不動産所得として450万円（青色申告特別控除前）を
計上します。

　信託財産に帰属する資産および負債ならびに収益および費用は、その計算
期間に応じて受益者等に帰属するものとして所得を計算し、その計算は総額
法により計算します。

　したがって、上記決算書の内容からは不動産所得の総収入金額および必要
経費は次のとおり450万円として計算し、これを令和Ｘ１年分の所得として
申告する必要があります。

金額	計算
（1）　総収入金額　　　　　1,000万円	地代収入　　1,000万円
（2）　必要経費　　　　　　　550万円	租税公課　　　200万円 修繕費　　　　150万円 減価償却費　　200万円
（3）　不動産所得の金額　　　450万円 　　　（青色申告特別控除前）	（1）1,000万円 − （2）550万円

※受託者は、建物等にかかる書類を大切に保管し、信託の計算書の写しとともに減価償却の
　計算のための基礎資料を交付することも必要となります。

具体例 ❷ 〔株式を信託する場合〕

　Q ▶ 私（個人）が令和Ｘ１年に取得した信託受益権（信託財産はＡ社株式
（非上場株式））について、令和Ｘ１年10月末日に利益の分配300万円を受け
取りました。この300万円については、令和Ｘ１年分の所得として配当所得
の総収入金額を300万円として計算すればよろしいでしょうか。なお、受託
者から交付を受けた信託の決算書の写しには次のとおり記載があります。ま
た、例年、信託した株式から得た配当金については、５％の配当控除の適用
を受けていましたが、信託の場合でも受けることができるのでしょうか。

【信託の決算書の内容】

> 〔信託の決算書の内容〕
> 　計算期間　令和Ｘ１年１月１日〜令和Ｘ１年12月31日
> 　配当金収入　　　　300万円（利益剰余金の配当）
> 　信託報酬　　　　　5万円
> 　租税公課　　　　　61.26万円（Ａ社における源泉所得税額）
> 　差　　引　　　　　233.74万円

　A ▶ 令和Ｘ１年分の配当所得の収入金額として300万円を計上します。信託報酬5万円は、配当所得の経費（株式等を取得するための借入金の利子）に該当しません。また、配当控除の適用を受けることができ、Ａ社が配当金の支払時に源泉徴収した金額は、その年分の納付すべき所得税額として算出された金額から控除します。

　したがって、上記決算書の内容からは配当所得の収入金額等について次のとおり300万円として計算し、これを令和Ｘ１年分の所得として申告する必要があります。

項目	金額
(1) 収入金額	300万円
(2) 株式等を取得するための借入金の利子	0円
(3) 差引（配当所得の金額）	300万円

※配当控除額15万円（300万円×5％）および源泉徴収税額61.26万円については、納付すべき所得税額の計算においてそれぞれ控除されます。

⑷不動産所得にかかる信託損失の規制

　所得の計算にあたっては、過度な節税対策の防止策として、不動産所得にかかる信託損失に対して規制が設けられています。詳細は本章Ｑ４を参照してください。

3　受益者等変更時の課税関係

　受益者等の変更があった場合（適正な対価の負担がない場合に限ります。）には、新たに受益者等となる者（新受益者）が受益者等であった者（前受益

者）から贈与（前受益者等の死亡の場合には遺贈）により信託財産を取得したものとみなします（新たな受益者等に対して贈与税または相続税）。基本的な整理は、上記1の信託の効力の発生時の課税関係と同様です。

4　信託の終了時の課税関係

受益者等課税信託の終了時においては、税法上、信託の終了時の受益者等から残余財産の給付を受ける者に残余財産が移転したものとして課税関係を整理することになります。基本的な整理は、信託の効力の発生時の委託者と受益者等との関係と同様です。

⑴終了時の受益者等と残余財産の給付を受ける者が同じ場合

受益者等課税信託の終了時の受益者等と残余財産の給付を受ける者が同一である場合には、形式的には財産の移転を観念しませんので、残余財産の移転にかかる課税関係は生じません。

⑵終了時の受益者等と残余財産の給付を受ける者が異なる場合

受益者等課税信託の終了時の受益者等と残余財産の給付を受ける者が異なる場合には、終了時の受益者等から残余財産の給付を受ける者に財産が移転したものとして課税関係を整理することになります。

したがって、終了時の受益者等（個人）と残余財産の給付を受ける者（個人）との間で適正な対価のやりとりがない場合には、残余財産の給付を受ける者が信託財産が贈与（終了時の受益者等の死亡により効力が発生する場合には、遺贈）により取得したものとみなし、残余財産の給付を受ける者に贈与税または相続税の課税関係が生じることになります。

設例　自社株信託

【創業者甲の相談】

A社の創業者である甲（75歳）は、自身の年齢を踏まえ、長男である丙に事業承継を目的にA社株式（非上場株式）を移転させることを考えています。ただし、甲は後継者は長男丙と決めていますが、A社株式を移転した場合で

も、自分が亡くなるまではＡ社をコントロールする余地を残しておきたいと考えています。

【信託による対応案】

〈スキーム例〉

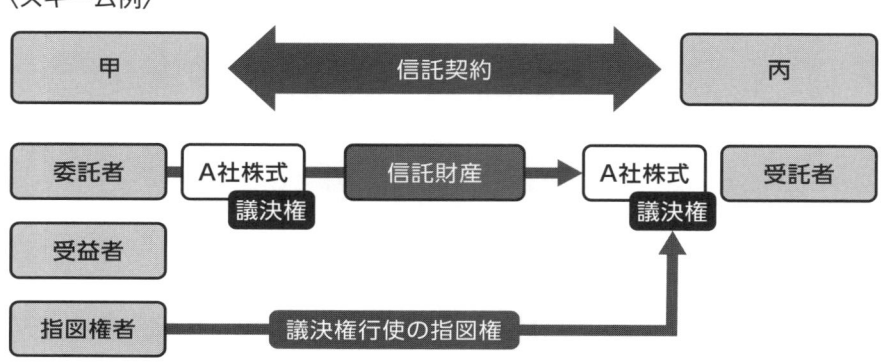

　甲の想いを民事信託により実現しようとする場合、甲が委託者兼受益者となる自益信託を設定し、受託者を丙とする方法が考えられます。これにより、Ａ社株式の法律的な所有者は受託者となる丙であり、Ａ社株式にかかる議決権についても丙が持つことになるため、信託の効力発生後は、丙の判断によりＡ社の運営ができるようになり、甲の目的の一つである事業承継の一助となるでしょう。

　ただし、甲には信託効力の発生後も生存中はＡ社に対する影響力を残しておきたいという希望があることから、甲に対し議決権行使の指図権を付与し、必要に応じて甲の判断による会社運営も可能とする余地を残すことができるようにしています。なお、甲の死亡により信託は終了し、残余財産（Ａ社株式）は丙に給付されることになります。

　自社株の信託は、不動産の信託のように登記名義人の変更のような手続きがないことから、会社法や定款の規定に従い、株式の名義書換手続きや株主名簿での管理を確実に行う必要があります。

　なお、Ａ社株式が譲渡制限付株式である場合には、信託の効力発生に向けて、譲渡承認等の手続きを適切に行う必要もあります。

【課税関係】

①設定時の課税関係

このスキームによる信託は、甲が委託者兼受益者となる自益信託ですので、信託の効力発生時において課税関係は生じません。

なお、信託財産であるＡ社株式の議決権は受託者である丙に移転することになりますが、議決権は贈与税や相続税の課税の対象となる財産ではありません。

②信託期間中の課税関係

信託期間中において、Ａ社が配当金の支払いをする場合には、その配当金は受託者である丙に支払われ、丙から甲へと分配されます。

配当金については、Ａ社が支払時に源泉徴収をし、その源泉徴収後の金額を丙に支払うことになります。

甲はＡ社からの配当金について、その支払いが確定した日（配当の効力発生日または株主総会による決議日）の属する年分の所得として所得税の確定申告をする必要があります。1回に支払いを受ける配当金として一定の計算をした金額が10万円以下の場合には、申告不要を選択することができます。

③信託終了時の課税関係

信託の終了時においては、残余財産（Ａ社株式）は受益者甲から残余財産の帰属者としての丙が遺贈により取得したものみなし、丙に対し相続税の課税関係が生じることになります。

残余財産として給付されるＡ社株式は、甲の相続財産となり、丙は相続税の納付が必要となります。この場合のＡ社株式の評価額は財産評価基本通達の定めに基づいて行うことになります。

受益者等課税信託では、受託者の税制上の必須の実務にはどのようなものがあるのでしょうか？

A3 受託者に対しては、信託法上、貸借対照表・損益計算書等を作成する義務が課せられていますが、その他に税法上、受託者に課される事務は次のとおりです。

1 信託計算書の提出

項目	内容
提出義務者	受益者等課税信託の受託者
提出時期	信託会社は、毎事業年度終了後1月以内 信託会社以外は、毎年1月31日まで
提出先	受託者の信託事務を行う営業所等の所在地の所轄税務署長
主な記載項目	所得税法13条1項に規定する受益者別に次の項目を記載 ①受益者、委託者、受託者それぞれの住所、氏名等 ②信託の期間および目的 ③次に掲げる日における信託にかかる資産および負債の内訳 　信託会社が受託者の場合…信託会社の各事業年度末日 　信託会社以外が受託者の場合…前年12月31日 ④次に掲げる期間の収益および費用 　信託会社が受託者の場合…信託会社の各事業年度中 　信託会社以外が受託者の場合…前年1月1日から12月31日
個人番号	受益者・受託者・委託者それぞれの個人番号または法人番号を記載する必要がある。
合計表	信託の計算書を信託財産の種類別に、その件数、収益の額、費用の額、資産の額および負債の額の合計をした「信託の計算書合計表」を併せて提出する必要がある。
提出不要要件	原則として、各人別の信託財産に帰せられる収益の額の合計額が3万円（その基礎となる計算期間が1年未満の場合には1万5千円以下）の場合

2　信託に関する調書の提出

①主な内容

項目	内容
提出義務者	信託の受託者で、相続税法の施行地に事務を行う営業所、事務所、居所その他これらに準ずるもの（「営業所等」）を有する者
提出事由	①信託の効力発生（遺言信託の場合には、遺言信託の引受けがあった場合） ②受益者変更（受益者が存するに至った場合または損しなくなった場合を含む。） ③信託終了（信託に関する権利の放棄があった場合その他一定の場合を含む。） ④権利内容変更
提出時期	提出事由の生じた日の属する月の翌月末日まで
提出先	受託者の信託事務を行う営業所等の所在地の所轄税務署長
合計表	信託の受託者は、提出事由の異なるごとに、その件数、受益者数、特定委託者数、委託者数および信託財産の価額を合計した合計表を併せて提出する必要がある。
個人番号等	委託者、受託者、受益者それぞれについて個人番号または法人番号を記載する。
提出不要要件	①受益者別に相続税法の規定により評価したその信託の信託財産の相続税評価額が50万円以下であること（信託財産の相続税評価額を計算することが困難な事情が存する場合を除く。） ②信託の効力発生時の委託者と受益者が同一である場合 ③信託終了直前の受益者と信託財産の帰属者となる者が同一である場合 ④信託終了時において、信託の残余財産がない場合 ⑤信託に関する権利の変更があった場合において、次に掲げる場合に該当すること （イ）受託者の引き受けた信託の受益者等が一の者であること。 （ロ）受託者の引き受けた信託の受益者等がそれぞれ有する信託に関する権利の価額に変更がないこと

13章

②信託の計算書

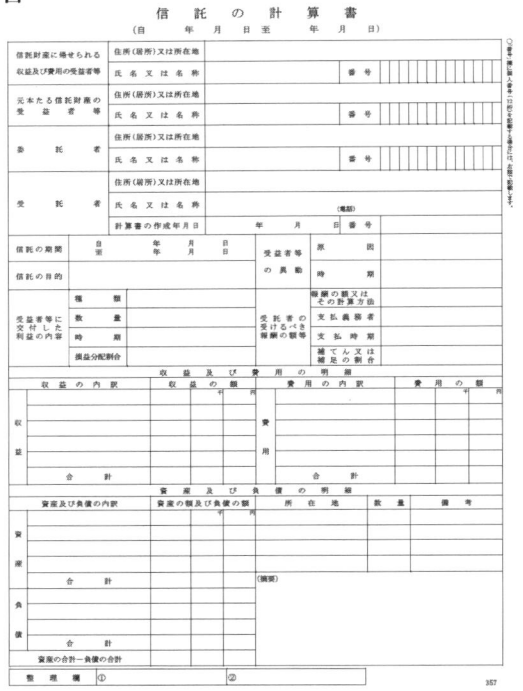

③信託に関する調書

信託に関する受益者別（委託者別）調書

受益者等課税信託の税制上の取扱いにおいて注意しなければいけない主な論点はどのようなものでしょうか？

A4　主に次の論点に注意が必要です。注意すべき点については、解説を参照してください。各論点については、いずれも税理士等の専門家とも協議をしながら納税者の理解を得ることが重要です。

1．受益者が個人の場合の不動産所得にかかる信託損失の規制
2．信託内借入れと債務控除
3．信託報酬
4．受益者等が複数の場合
5．信託受益権の複層化

解 説

1　受益者が個人の場合の信託損失にかかる規制

⑴論点

　損益通算とは、個人の所得税の計算において、各種所得金額の計算上生じた損失のうち不動産所得、事業所得、譲渡所得、山林所得についてのみ、一定の順序に従って、総所得金額等を計算する際に他の各種所得の金額から控除することをいいます。

　信託の場合、信託財産から生じた信託損失についてはなかったものとみなされる規制があることに留意が必要です。

⑵ポイント

　個人である受益者等が、賃貸アパートなどの収益不動産を信託財産とする受益権を有する場合には、その信託財産に帰属する収益および費用は、パススルー課税により、その受益者等の不動産所得の金額として所得税の計算を行うことになります。

13章

したがって、信託財産にかかる損失（信託損失）がある場合（大規模修繕等により多額の修繕費がかかった場合等）にも、その信託損失は個人である受益者等に帰属することになります。ただし、この場合の信託損失については、なかったものとする規定が設けられており、信託損失を他の不動産所得と相殺したり、損益通算により他の所得と通算することはできません。

受益者等課税信託の組成前に、大規模修繕の可能性などについては十分に検討する必要があるでしょう。

【信託損失にかかる規制のイメージ】

※1　通常の場合

	不動産所得A（信託以外）	不動産所得B（信託以外）	合計
収入金額	1,000	1,500	2,500
必要経費	1,200	500	1,700
差引	▲200	1,000	800

※2　信託損失がある場合

	不動産所得A（信託）	不動産所得B（信託以外）	合計
収入金額	1,000	1,500	2,500
必要経費	1,200	500	1,700
差引 措法42の4の12	▲200 →0	1,000	800 →1,000
適用後所得	0	1,000	1,000

2　信託内借入れと債務控除

【民事信託におけるローンのスキームイメージ】

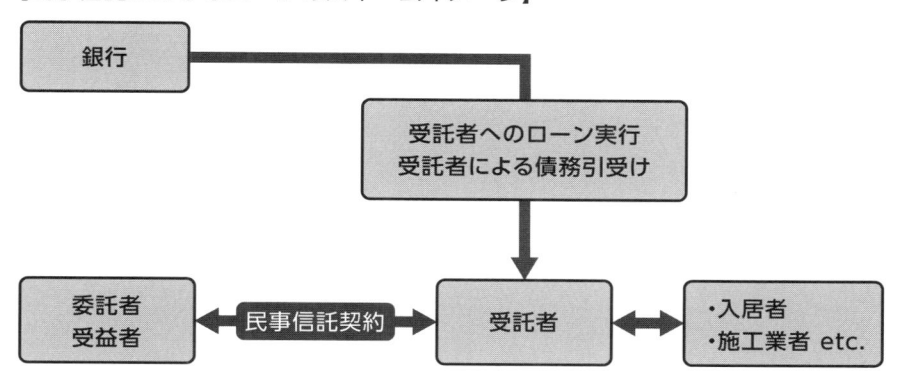

⑴論点

　相続税の計算にあたっては、被相続人の相続時の債務については相続財産から控除して、相続税の課税価格が計算されます。これを債務控除といいます。この債務控除は、相続人または包括受遺者について適用され、相続財産から控除できる債務は、確実と認められるものに限られています。

　受益者等課税信託において、信託財産に属する債務（信託内借入れ）などがある場合、この債務控除の扱いには注意が必要です。

⑵ポイント

　受益者等課税信託において借入れ等を実施する場合には、受託者による債務引受けや受託者に対してローンが実行されることになります。この場合、受益者は受益権（すなわち信託財産）を超えての負担を負うことはありません。したがって、受益者の負担に属さない債務は、債務控除の要件である「確実と認められるもの」に該当しないことから、債務控除の対象とされない可能性もあり、留意が必要です。すなわち、受益者（被相続人）の相続時に債務控除の適用を念頭にする場合、信託内借入れであっても受益者が負担すべき債務としての対応を検討する必要もあるでしょう。相続税対策のみを目的とするような無理な借入れは避けるべきです。

13
章

その他にも信託の組成にあたっては、相続人とはなり得ない孫を帰属権利者とする等、債務控除の適用が受けられない信託設計にならないよう受益者の相続発生時の課税関係の整理・シミュレーションが必要となることはいうまでもありません。

信託における債務控除の議論については、条文上不明確な点もありますので、税理士などの専門家の意見を踏まえた立案が肝要となります。

3 信託報酬

(1)論点

身近な家族を受託者とする民事信託では、受託者への信託報酬を無報酬とする信託契約が一般的に見受けられますが、信託契約に基づき、受託者に報酬を支払うことは可能です。

民事信託において受託者に信託報酬を支払う場合には、その報酬が受益者等の所得の計算上、必要経費として計上することができるか否かが問題となります。

(2)ポイント

受益者等課税信託の組成にあたっては、受託者を受益者の親族とする場合が多く見受けられます。また、その場合に受託者に対する報酬を無報酬とするケースも多いと思われますが、報酬の額を定めて支払うことも可能です。

たとえば、収益不動産等を信託財産とする受益者等課税信託が組成され、受託者に対する報酬の支払いが約定されている場合、その支払った報酬は不動産所得の計算上、必要経費とすることができるでしょうか。

所得税法37条1項では、不動産所得等の金額の計算上、必要経費に算入できる金額は総収入金額に対応する売上原価その他その総収入金額を得るために直接要した費用の額およびその年に生じた販売費、一般管理費その他業務上の費用の額と規定されています。

また、所得税法45条1項では、「家事上の経費およびこれに関連する経費で政令で定めるもの」は必要経費に算入しないとされており、家事上の経費

と業務上の経費が混在するもの（たとえば、店舗併用住宅の経費）は、家事関連費と呼ばれ、業務上の必要部分として明確にできるもののみ必要経費算入が認められています。

さらに、所得税法56条では、事業から対価を受ける親族がある場合の必要経費の特例として、事業所得者等が生計一親族等に支払う報酬等の対価については、支払いを受けた側の収入金額とせず、また、支払った側の必要経費に算入しないという規定が設けられています。

受益者等課税信託において、受託者に支払う信託報酬の不動産所得等の必要経費の該当性については、上記の規定に注意して判断する必要があります。具体的には信託契約における信託目的、信託される事業の規模、信託財産の内容や受託者との生活関係（生計一等）などに基づいて判断することになると考えます。

4　受益者等が複数の場合

⑴論点

受益者等課税信託において、受益者等が複数存在する場合には、信託財産の移転および各受益者等の所得計算において、各受益者等に生ずる課税関係をどのように整理するかが問題となります。

⑵ポイント

課税上は、受益者等が複数存在する場合には、その受益者等の権利の内容に応じて、その信託財産に帰せられる収益および費用の全部が帰属するものと規定されています。

すなわち、たとえば信託に関する権利の一部が現に存しない者に帰属することとされている場合などにおいても、資産および負債ならびに収益および費用は受益者としての権利を現に有する受益者等にすべてが帰属することとされている点に注意が必要です。

ただし、この規定は受益権の内容を質的に均等なものとして帰属することを定めたものではなく、信託行為の実態に応じて、すなわち権利の内容（た

とえば、底地を有するとする受益権と、借地権を有するとする受益権など）に応じてその帰属を検討することになるとされています。

この「権利の内容に応じて」という表現は具体性に乏しく、実務上の対応が難しい場合が考えられますので、受益権の内容を定めるにあたっては、想定しうる課税関係について税理士などの専門家にもよく相談することが肝要です。

5　信託受益権の複層化

(1)論点

信託の信託受益権の評価方法については、財産評価基本通達によって定められています。そして、信託受益権については、信託財産の内容に基づき評価することになります。たとえば、信託財産が土地等であれば、路線価や倍率によって評価することになります。

ただし、信託受益権を、収益受益権と元本受益権に分けるいわゆる複層化信託については課税価格計算の特例規定が設けられており、受益者連続型と非連続型によって課税価格の計算（すなわち、信託受益権の評価額の計算）の仕方が異なることになります。

これらの関係を表にして整理すると次のとおりです。

【信託の種類と財産評価の関係】

	受益者非連続型	受益者連続型
一般の信託	信託受益権＝信託財産	同左
複層化信託	収益受益権＝収益還元 元本受益権＝信託財産−収益受益権	収益受益権＝信託財産 元本受益権＝０円

(2)ポイント

①一般の信託の場合

一般的な信託の場合、信託受益権の財産評価額は、その信託受益権を構成する信託財産の内容に基づき計算します。

　たとえば、信託財産が路線価地域に所在する土地および貸家であれば、土地は路線価方式による貸家建付地として、家屋は貸家として固定資産税評価額を基礎とした評価を行い、信託受益権の評価額とします。

②信託受益権が複層化されている場合

　信託受益権が元本受益権と収益受益権に分割されている複層化信託の場合の信託受益権の評価方法は、その信託が税法上の受益者連続型に該当するか否かで異なります。

（イ）受益者非連続型の場合

「元本受益権」の評価方法

…元本受益権は財産評価基本通達により評価した課税時期における信託財産の価額から、次により評価した収益受益者に帰属する信託の利益を受ける権利の価額を控除した価額

「収益受益権」の評価方法

…課税時期の現況において推算した受益者が将来受けるべき利益の価額ごとに課税時期からそれぞれの受益の時期までの期間に応ずる基準年利率による複利現価率を乗じて計算した金額の合計額

　なお、次の図は、受益者非連続型信託の設例として、国税庁による解説資料から抜粋したもので、信託の設定時と5年後の合意解約時における収益受益権と元本受益権の評価方法のイメージが説明されています。

13
章

貸地を30年間信託し、収益受益権は父、元本受益権は子が取得した場合

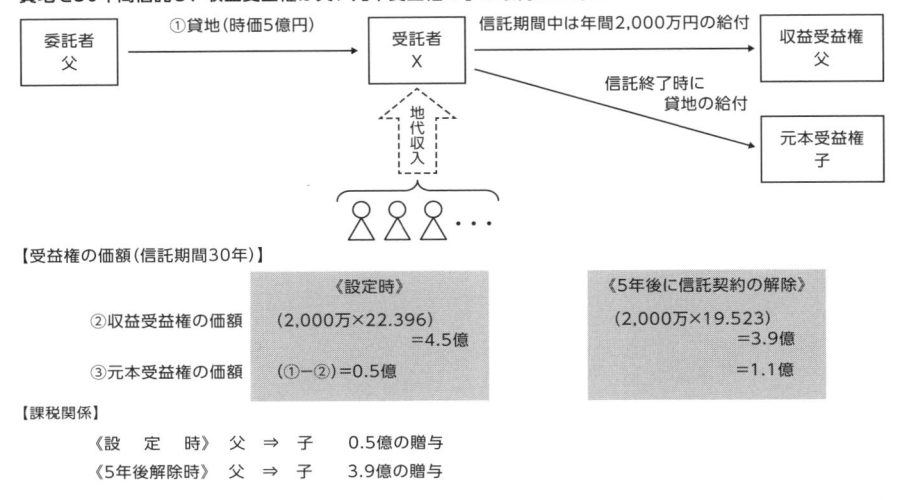

【受益権の価額（信託期間30年）】

	《設定時》	《5年後に信託契約の解除》
②収益受益権の価額	(2,000万×22.396) =4.5億	(2,000万×19.523) =3.9億
③元本受益権の価額	(①−②)=0.5億	=1.1億

【課税関係】

《設　定　時》　父　⇒　子　　0.5億の贈与
《5年後解除時》　父　⇒　子　　3.9億の贈与

（国税庁資料）

> ※本図による信託（受益者非連続型の信託）がどのような信託契約により組成されるのかについては明確ではありません。本図を前提とした信託の組成には十分な注意が必要です。

（ロ）受益者連続型の場合

　信託が受益者連続型の複層化信託に該当する場合には、税法上、元本受益権価額はゼロとなり、収益受益権のみ信託財産の内容に基づいて評価することになります。この取扱いは、元本受益権に対応する収益受益権を法人が有する場合には適用がありませんが、個人が収益受益権を有する者となる場合には、その信託が受益者連続型信託に該当すると、想定外の税負担が生じる可能性もあるため留意が必要です。

【参考】

○原則

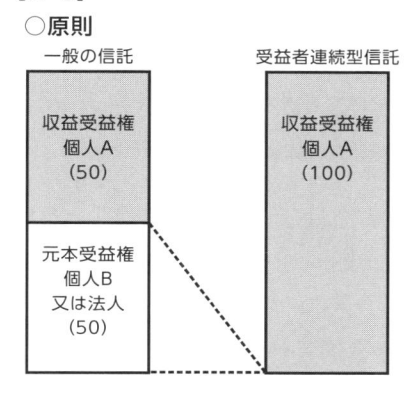

○例外

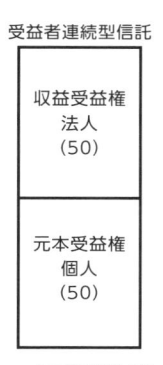

（国税庁資料）

③受益者連続型信託

　税法上の受益者連続型信託の範囲は、次の相続税法施行令１条の８で定められていますが、その範囲について必ずしも明確ではありません。

　信託受益権が複層化された信託を組成する場合には、その信託が受益者連続型信託に該当するかどうかを必ず確認する必要があります。

【相続税法施行令１条の８（受益者連続型信託）】

> 法第９条の３第１項に規定する政令で定めるものは、次に掲げる信託とする。
> 　一　受益者等（…）の死亡その他の事由により、当該受益者等の有する信託に関する権利が消滅し、他の者が新たな信託に関する権利（…）を取得する旨の定め（…）のある信託
> 　二　受益者等の死亡その他の事由により、当該受益者等の有する信託に関する権利が他の者に移転する旨の定め（…）のある信託
> 　三　信託法第91条に規定する信託及び同法第89条第1項（…）に規定する受益者指定権等を有する者の定めのある信託並びに前二号に掲げる信託以外の信託でこれらの信託に類するもの

13
章

信託銀行等の教育資金贈与信託（改正後）と民事信託の扶養型信託、暦年の扶養義務の履行の違いは何ですか？

A5 教育資金の一括贈与信託の概要と扶養型信託等との違いは次のとおりです。

解説

1　教育資金の一括贈与信託

　教育資金の一括贈与信託とは、平成25年4月1日から令和3年（2021年）3月31日までの間に、30歳未満の一定の個人が、教育資金に充てるため、①その直系尊属と信託会社との間の教育資金管理契約に基づき信託の受益権を取得した場合、②その直系尊属からの書面による贈与により取得した金銭を教育資金管理契約に基づき銀行等の営業所等において預金もしくは貯金として預入れをした場合または③教育資金管理契約に基づきその直系尊属からの書面による贈与により取得した金銭等で証券会社の営業所等において有価証券を購入した場合には、その信託受益権、金銭または金銭等の価額のうち1,500万円までの金額（すでにこの「教育資金の非課税の特例」の適用を受けて贈与税の課税価格に算入しなかった金額がある場合には、その算入しなかった金額を控除した残額）に相当する部分の価額については、贈与税の課税価格に算入しないという制度です。

　制度の詳しい内容については、国税庁ホームページなどでご確認ください。

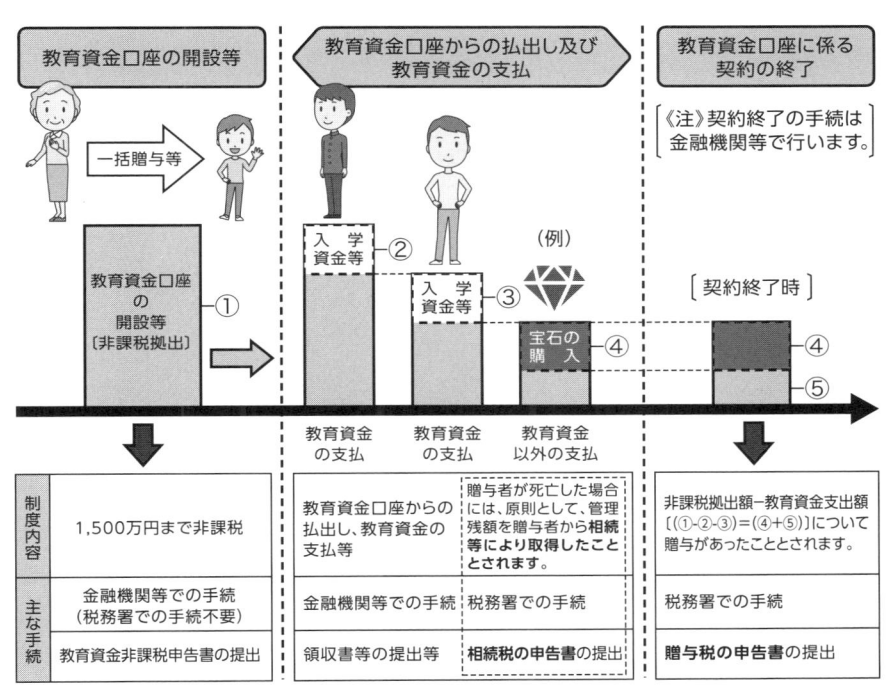

（国税庁資料）

2　民事信託の扶養型信託、暦年の扶養義務の履行との違い

　教育資金の一括贈与信託は、高年齢世代の富裕層から次世代への財産の生前移転を図るために、ある程度まとまった資金を一括で移転させたいというニーズに応えるための税制上の措置として創設されました。

　従来から扶養義務者相互間で扶養義務を履行するために生活費または教育費に充てるために贈与を受けた財産で通常必要と認められるものについては、贈与税の課税対象とされていません。この場合の「生活費」とは、その者の通常の日常生活を営むのに必要な費用（教育費を除きます。）をいい、治療費や養育費その他これらに準ずるもの（保険金または損害賠償金により補てんされる部分の金額を除きます。）を含みます。また、「教育費」とは、被扶養者（子や孫）の教育上通常必要と認められる学資、教材費、文具費等をいい、

義務教育費に限られていません。扶養型の民事信託のスキーム例としては、次の【参考】のような事例が考えられます。

　教育資金の一括贈与信託も扶養型の民事信託も、いずれも通常必要な範囲で贈与税の課税対象としないものですが、教育資金の一括贈与信託は、拠出された資金の使用使途が教育費に限られます。また、令和元年度の税制改正により、限定的ではありますが、相続時に相続税の課税関係が生じる仕組みが導入されていますので注意が必要です。

　暦年の扶養義務の履行については、金額的妥当性のほか、支出するタイミングに注意が必要です。扶養型の民事信託を活用する場合には、同じく金額的妥当性の他に、信託目的に照らした妥当性についても注意が必要です。すなわち、社会通念的に運用されている信託であれば問題は生じないものと考えられますが、信託目的を逸脱したり、社会通念に照らして妥当性を欠いた給付実務が生じれば、贈与税等の課税が生じる可能性があることに留意しなければなりません。

【参考】扶養型民事信託のスキーム例

〔設例〕

　Xは配偶者のYとの離婚に伴い、長男のZ（5歳）の養育料支払いと生活の維持を目的に、受託者をY、受益者をZとする信託契約を締結し、金1,000万円を信託財産として拠出しました。この場合、贈与税等の課税関係はどのようになるでしょうか。

〔回答〕

　原則として、贈与税の課税関係は生じないものと考えられます。

〔解説〕

　相続税法では、扶養義務者相互間において、生活費または養育費に充てるための贈与財産のうち、通常必要と認められる金額は、贈与税は課税されません。

　一方、相続税法の規定上、信託の効力発生時には、受益者等は、委託者か

ら信託財産を贈与等により取得したものとみなされることから、この設例においては、信託財産として拠出された1,000万円は、贈与により取得したものとみなされます。

このように離婚に伴う養育費等が一括して信託される場合に、信託の効力発生時に信託財産として拠出された金1,000万円について、Zに対する贈与税の課税関係が生じるか否かが問題となりますが、信託された金額が、養育費等を支払うべき期間と金額的妥当性に基づき算出されているものであれば、Zに対して直ちに贈与税が課されるものではないと考えられます。

なお、本設例の参考として国税庁の個別通達（昭和57年6月30日直審5－5）がありますが、同通達では、信託契約において、確実に養育費としての支払いが担保されるような仕組みが求められている点には留意が必要です。

14章

信託登記の概要と留意点

不動産を信託する、または事後的に追加信託するための登記申請手続きはどうするのですか？

A1 不動産を信託するための登記申請手続きと、事後的に追加信託するための登記申請手続きは、ともに、所有権移転登記と信託登記を同時に申請して行います。

解 説

1 信託設定による所有権移転

　信託の設定方法としては、契約信託、遺言信託、そして自己信託の3種類がありますが、本章では法人ではない自然人間の信託契約のケースについて説明します。

【「所有権移転登記」と「信託登記」の同時申請（一の申請情報で申請）】

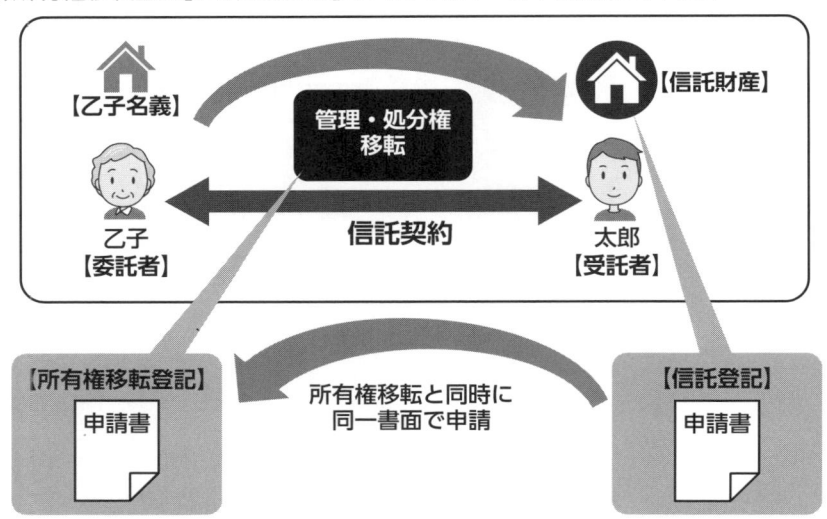

⑴登記申請の方法

　不動産を信託財産の対象とする信託を設定した場合、委託者と受託者は、所有権移転登記とともに、登記記録上に「信託目録」を作成するための信託の登記を、同時に同一書面により申請します（不動産登記法98①、不動産登記令5②）。

⑵添付情報

　司法書士等への専門家に委任して登記申請する場合の添付情報は次のとおりです。

・登記原因証明情報（不動産登記法61、不動産登記令7①五ロ）
・委託者の登記識別情報／登記済証（不動産登記法22）
・受託者の住所証明情報（不動産登記令別表30項添付情報欄ロ）
・委託者および受託者の委任状（不動産登記令7①二）
・委託者の作成後3か月以内の印鑑証明書（不動産登記令16②③）
・信託目録に記録すべき情報（不動産登記令7①六・別表65項添付情報欄ハ）

　後記のとおり、特に「登記原因証明情報」と「信託目録に記載すべき情報」の作成に注意を要します。

①登記原因証明情報

　所有権移転登記申請の添付情報のうち登記原因証明情報として、信託契約書または信託契約の締結と所有権が移転する不動産にかかわる事項を記録した報告形式の書面を作成し添付します。しかし、信託契約書を添付すると、利害関係者であれば登記に関係がない信託契約の内容まで閲覧できてしまうため、実務上、報告形式の登記原因証明情報を作成して添付します。

②信託目録に記載すべき情報

　信託の登記では、申請人は「信託目録に記載すべき情報」を作成し、添付情報として提供します。そして、この「信託目録に記録すべき情報」に基づき登記記録における「信託目録」が作成されます。そのため、信託契約書の記載を単に引き写した内容で作成してしまうと、信託終了後の残余財産の承継方法など、遺言にも類似したプライバシー性のきわめて強い内容までもが

そのまま公示されることになり、相当の注意を要します。

　また、受託者の処分権限に特別の制約を加えた事項を公示しておくことにより、受託者が当該公示した事項に反する登記申請を行った場合に当該登記が受理されないなどの機能もあるとされています。それゆえ、金融機関等の第三者との取引を安全かつ円滑に進めるうえで、受託者による借入れや信託不動産への担保設定の権限等を明記することも重要です。したがって、今後どのような登記を申請することを想定しているのか、あるいは防止したいと考えているのか委託者の希望・目的をヒアリングのうえ、それらが反映された申請書類を作成して申請します。

2　追加信託による所有権移転

　信託期間中に、信託の目的・定めに従い委託者名義の固有財産を信託財産に追加して新たに組み入れる場合（追加信託）、受託者は、追加信託を受け入れることによってさらに重い責任を負うことになります。追加信託を検討する際は、その点を特に受託者が理解・納得したうえで話を進めなければなりません。そのため、まずは、信託目的に沿った追加信託であるかを受託者として確認し、追加信託する旨を委託者との間で書面化し明らかにします。

　そもそも、原則として、信託を設定する当初の段階で、事後的に信託財産の構成が大幅に変わらない前提で管理方法を検討したうえでスキームを設計します。しかし、たとえば、高齢のため賃貸不動産の管理に不安を抱き始めたことがきっかけで信託をはじめた委託者が、信託設定後に、自身の兄弟姉妹の相続によって新たに賃貸不動産を承継することもあり得ます。そのような場合には、当該承継した賃貸不動産を追加信託することも一案です。

　なお、追加信託の登記は、前記「信託設定による移転」と同様に、所有権移転登記と信託登記を同時に同一書面により申請します。添付情報も、「信託設定による移転」の登記申請と同様のものが必要です。不動産を追加信託するにあたっては、物件ごとに信託の登記申請により、対抗要件具備と分別管理義務を果たします。

信託登記されたか否かはどこを見れば わかりますか？

A2　信託登記されたか否かは、登記記録中、「権利部（甲区）」と「信託目録」を見ればわかります。

解 説

1　権利部（甲区）

権　利　部　（　甲　区　）（所　有　権　に　関　す　る　事　項）			
順位番号	登記の目的	受付年月日・受付番号	権利者その他の事項
1	所有権移転	○○年○月○日 第○○○○号	原因　○○年○月○日相続 所有者　○○県○○市○○ 　　　　　　甲　某
2	所有権移転	○○年○月○日 第○○○○号	原因　○○年○月○日信託 受託者　○○県○○市○○ 　　　　　　乙　某
	信託	余白	信託目録第○○号

　信託の登記は、権利部（甲区）に、同時に申請した信託を原因とする所有権移転登記と一の順位番号で記録されます。また、信託を原因とする所有権移転登記は、権利者の表記が「受託者」と記録されます。これにより、信託財産は受託者名義ではあるものの、受託者の個人財産から独立した財産であることが公示されることになります。

　なお、信託の登記の「権利者その他の事項」欄には「信託目録番号」が付されます。この信託目録番号には、たとえ同一の信託における信託不動産であっても、それぞれ異なる番号が付されます。そのため、信託の登記がなされた登記記録それだけを見ても、当該信託の信託財産として他にどのような

不動産があるのかはわかりません。

2 権利部（甲区）と信託目録のつながり

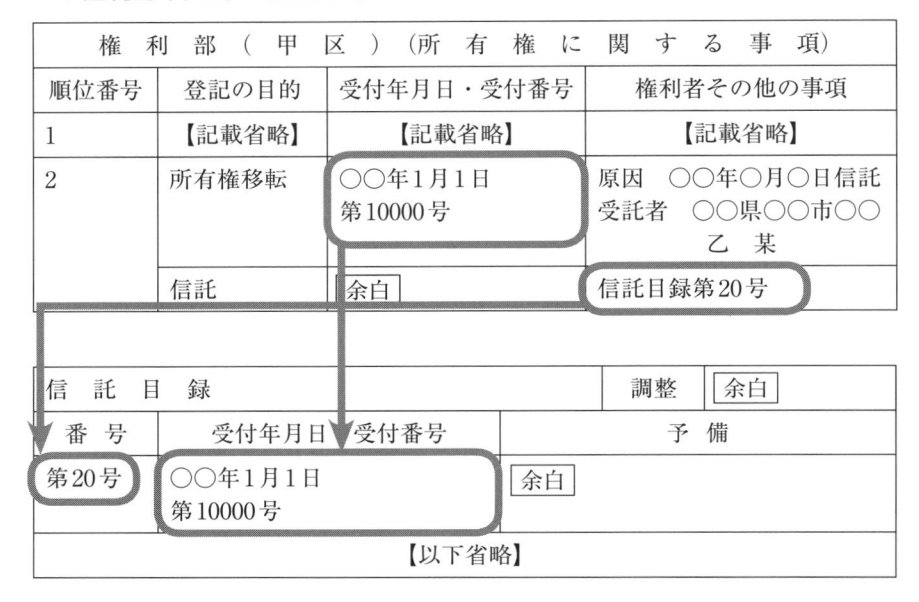

信託の登記を申請すると、登記官は、添付情報として提供された「信託目録に記録すべき情報」を審査し、当該情報に基づき「信託目録」を作成します（不動産登記法97③、不動産登記規則176）。

信託目録には、「権利部（甲区）」における、信託を原因とする所有権移転登記の「受付年月日・受付番号」と同一の日時・番号が、そして、信託の登記の「権利者その他の事項」欄に付される「信託目録番号」と同一の番号が付されます。

3　信託目録（登記記録例）

信　託　目　録		調整	余白
番　号	受付年月日・受付番号	予　備	
第20号	○○年1月1日 第10000号	余白	
1　委託者に関する事項	○○県○○市○○○○○○○○○○○○○○○ 　甲　某		
2　受託者に関する事項	○○県○○市○○○○○○○○○○○○○○○ 　乙　某		
3　受益者に関する事項等	○○県○○市○○○○○○○○○○○○○○○ 　甲　某		
4　信託条項	一　信託の目的 1　受益者の従前と変わらぬ生活及び福祉を確保すること 2　本信託の定めに従った資産承継を実現すること 二　信託財産の管理方法 受益者の承諾がある場合に限り、本件不動産を増改築、建替え、売却又は担保設定することができる。 三　信託の終了事由 令和○○年○○月○○日東京法務局所属公証人○○○○作成に係る信託契約公正証書（令和○○年登簿○○号）に定める事由が発生したとき 四　その他信託条項 1　委託者の地位は相続により承継されず、委託者の死亡により消滅する。 2　本受益権は、譲渡、質入れその他の処分をすることはできないものとする。 3　清算受託者は、信託終了事由発生時点の受託者とする。 4　残余の財産は、令和○○年○○月○○日東京法務局所属公証人○○○○作成に係る信託契約公正証書（令和○○年登簿第○○号）の規定に従い帰属させる。 5　本信託契約は、受益者と受託者の合意により、信託目的に反しない範囲において変更できる。		
＊　下線のあるものは抹消事項であることを示す。			

信託登記申請手続きの意義は何ですか？

A3 信託登記申請手続きの意義は、信託財産であることを公示することによる、第三者への対抗要件の具備と、受託者の分別管理義務の履行にあります。

解説

1 対抗要件具備（信託法14）

不動産については信託の登記をしなければ、受託者・受益者等の信託関係者は、受託者個人に対する債権者等のうち信託財産にかかる債権者等の第三者に対して、当該財産が信託財産であることを主張できません。

信託財産は受託者名義の財産ですが、ときに信託当事者ではない第三者に対してまで、受益者の取消権（信託法27）等を通じて信託による効力が及びます。そこで、第三者の利益保護を図るために、所有権移転等の登記とは別に、信託財産であることを明らかにするする「信託の登記」もしなければなりません。

2 分別管理義務（信託法34）

受託者は、信託財産と自己の固有財産とを区別して管理しなければなりません。信託財産は、名義上は受託者に帰属している財産ですが、受託者の固有財産とは別扱いにされる財産だからです。

不動産に関する分別管理方法は「登記」が義務であり、信託行為においても、この義務を免除することはできません。仮に受託者が分別管理義務を果たさない状況で信託財産に損失または変更が生じた場合、受託者は、原則として当該損失てん補または原状回復責任を負います（信託法40①④）。

 信託期間中に登記の記載事項の変更の事情が生じた場合はどうするのですか？ また、どのような登記申請が必要となる場面が想定できますか？

A4 所有権登記名義人や信託目録に記載された事項に変更が生じた場合、その旨の変更等の登記申請をします。具体的には、受託者や受益者等の信託関係者が変更する場面が想定できます。

解 説

1 受託者の変更

受託者が死亡や辞任等により任務終了となった場合、新受託者は、信託に関する権利義務を前受託者から承継します（信託法75①）。そのため、受託者を変更する場合は、信託不動産について、旧受託者から新受託者への所有権移転登記を申請します。

なお、受託者が死亡した場合、受託者の相続人は、新受託者への引継ぎ手続きに協力しなければなりませんが、不動産の所有権移転については、新受託者が単独申請できます（不動産登記法100①）。

2 受益者の変更

受益者の氏名・住所は不動産登記法97条1項1号に掲げられている事項です。したがって、受益者が死亡し、相続人が受益権を相続した場合や、信託行為の定めにより当該死亡した受益者の有する受益権が消滅し他の者が新たに受益権を取得した場合（信託法91）、受託者は、単独申請により、受益者を変更する登記を申請しなければなりません（不動産登記法103①）。

また、委託者の氏名・住所は不動産登記法97条1項1号に掲げられている事項であり、変更が生じた場合には、受託者は、遅滞なく、その旨の変更（信託目録の変更）の登記を申請しなければなりません（不動産登記法103①）。

そのため、委託者兼受益者の自益信託で、死亡した受益者が委託者でもある場合、委託者の変更登記も、受益者の変更登記とは別個に申請しなければなりません。

【登記記録例（受託者と受益者の変更）】

権　利　部　（　甲　区　）　（所　有　権　に　関　す　る　事　項)			
順位番号	登記の目的	受付年月日・受付番号	権利者その他の事項
1	【記載省略】	【記載省略】	【記載省略】
2	所有権移転	○○年1月1日 第10000号	原因　○○年○月○日信託 受託者　○○県○○市○○ 　　　　　乙　某
	信託	余白	信託目録第20号
3	所有権移転	○○年○月○日 第○○○○号	原因　○○年○月○日受託 　　　者死亡による変更 受託者　○○県○○市○○ 　　　　　丙　某

信　託　目　録		調整	余白
番　号	受付年月日・受付番号	予　備	
【記載省略】	【記載省略】	【記載省略】	
2　受託者に関する事項	○○県○○市○○○○○○○○○○○○○ 　乙　某		
	受託者変更 原因　○○年○月○○日受託者死亡による変更 第○○○○○号 受託者　○○県○○市○○町○丁目○番○号 　丙　某 令和○○年○○月○○日付記		
3　受益者に関する事項等	○○県○○市○○○○○○○○○○○○○ 　甲　某		
	受益者変更 令和○○年○○月○○日 第○○○○○号 原因　○○年○○月○○日受益者死亡による変更 受益者　○○県○○市○○町○丁目○番○号 　丁　某		
＊　下線のあるものは抹消事項であることを示す。			

民事信託が終了した場合、不動産を引き渡すにはどのような登記申請手続きが必要ですか？

A5　受託者名義になっている信託不動産を、信託行為に定められた帰属権利者等の名義にするための登記と、当該財産が信託財産から離脱したことを公示する信託登記抹消の登記を同時に申請します。

解 説

1　帰属権利者等≠受託者

　帰属権利者等が受託者ではない信託が終了した場合、帰属権利者等を登記権利者、受託者を登記義務者とする所有権移転の登記と、受託者を申請人とする信託登記抹消を、同時に同一書面による方法により行います（不動産登記法104①、不動産登記令5③）。

2　帰属権利者等＝受託者

　信託行為において帰属権利者として受託者が指定されている信託が終了した場合、「権利の変更（受託者の固有財産となった旨）」の登記と、「信託登記抹消」の登記を、同時に同一書面による方法により申請します（不動産登記法104①、不動産登記記令5③）。ただし、権利の登記については、これを「移転」として捉えてその旨の登記申請をすべき旨を求める登記所もあるなど、登記実務上の統一的な見解が現時点では示されていません。

　なお、帰属権利者として受託者を指定する信託については、本当に委託者が当該受託者に対して強く信頼したうえでの信託スキームなのかを注意するとともに、民事信託ありきではなく、任意後見など他の方法による対応の方が適切ではないか等、委託者が強く望んでいるかの視点での検討も要します。

14章

15章

ニーズごとの基本スキームと条項等のポイント

民事信託はどのようなニーズに活用されていますか？

A1 民事信託はさまざまな状況で、依頼者のニーズに応えたオーダーメイドの設計を行うことができます。

解 説

　民事信託は委託者が受託者にその所有する財産の名義を変えて、財産管理を行っていく制度です。所有権者が変わるものの、受益者が実質的、税務的には所有者として評価されることから、検討次第では個々の繊細なニーズに対応する設計ができるといえます。

　この章では具体的な活用事例とその流れを紹介し、依頼者の期待に対して、どのようなオーダーメイドを行ったか、その実事例を紹介します。

　なお、すべての事例において、民事信託の実務に精通した法律専門家がその設計だけでなくその後の支援を行うことが大切です。

1　高齢な親の財産管理

- ・本章Ｑ２　老後の自宅資産の活用を支援する民事信託
- ・本章Ｑ３　現金を信託して、その信託財産で不動産を管理運用する民事信託

2　障がい者の支援を行う仕組み

- ・本章Ｑ４　障がい者を「いとこ」が支援していく民事信託

3　資産承継を円滑に行うための支援

- ・本章Ｑ５　収益不動産を現金化してから承継させる民事信託

・本章Ｑ6　共有不動産の持分をまとめ、将来の売却をスムーズに行うための民事信託

・本章Ｑ7　多数の地主が共有している不動産管理のための民事信託

4　会社経営における自社株対策としての活用

・本章Ｑ8　自社株の評価が高い場合に利用する民事信託

・本章Ｑ9　自社株の評価が低い状況で利用を検討する民事信託

Q2 老後の自宅資産の活用を支援する民事信託にはどのような事例がありますか？

A2 受託者を子ども等にして、自宅を信託財産として管理・運用・処分をさせることで、希望に沿った設計をすることが可能です。

解 説

1 老後の自宅資産の活用を支援する民事信託の事例

【家族構成】

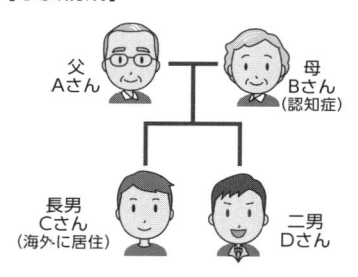

父Aさん
母Bさん（認知症）
長男Cさん（海外に居住）
二男Dさん

現在、父Aさんと母Bさんは自宅で同居していますが、母Bさんは数年前より認知症を患っており、父Aさんが介護をしています。

父Aさんは、このまま自宅で介護をしたいと思っていますが、将来、自分も介護が必要となった際には自宅を売却し、その売却代金の管理を二男Dさんにお願いしつつ夫婦そろって介護施設等に入居したいと希望しています。

なお、父Aさんの財産は、夫婦2人とも死亡した後は、自宅不動産を売却して、子どもたちに平等に残したいと思っています。

2 スキーム図

固定資産税の支払い
自宅に住まなくなったら売却

【信託財産】
・自宅
・現金300万円

【受託者】
二男Dさん

生活費・医療費・施設入居費・施設利用料等を給付

【受益者】
父Aさん

【委託者】
父Aさん

死亡

【後継受益者】
母Bさん

死亡
信託終了

【帰属権利者】
長男Cさん 二男Dさん

3　手続きの概要および信託事務のフロー

① **委託者（父A）と受託者（二男D）がスキームの打合せ**

② **受託者（二男D）が信託専用口座開設予定金融機関と打合せ**

③ **委託者（父A）と受託者（二男D）が契約書作成（公証役場）**

・委託者（父A）と受託者（二男D）が不動産（自宅）の所有権移転および信託登記

・受託者（二男D）が信託専用口座開設（父Aから信託金銭300万円の引渡し）

・受託者（二男D）が火災保険等の名義変更

④ **受託者（二男D）が自宅の維持管理**

・修繕

・固定資産税等の支払い

⑤ **受託者（二男D）が自宅の売却**

※売却の条件

→受益者（父A）からの指示、または受益者（父A）が意思表示不能となった場合等

・不動産売却における税務署の申告手続き

・信託財産が不動産から現金に変更されたことにより信託調書の提出（管轄税務署）

・売却により利益が出た場合、信託計算書を管轄税務署に提出

⑥ **受託者（二男D）が売却代金を受益者（父A、死亡後は母B）へ生活費、医療費、施設入居費、施設利用料等として給付**

⑦ **信託終了**

※終了事由

・受益者（父Aおよび母B）両名の死亡（a）

・受託者（二男D）および受益者（父A）の合意等（b）

→受託者（二男D）が清算受託者となり清算手続き

・（a）の場合、帰属権利者（長男Cおよび二男D）へ均等に不動産の売

却代金の残余を帰属させる

・(b) の場合、現在の受益者（父A）に信託財産を帰属させる

→信託終了により「信託に関する受益者別（委託者別）調書」、「信託に関する受益者別（委託者別）調書合計表」（相続税法59②）、「信託の計算書」「信託の計算合計表」（所得税法227）を管轄税務署に提出（提出時期：信託が終了した日の属する月の翌月末日）

4　条項等のポイント

・信託前に不動産が担保提供されている場合は、信託財産責任負担債務等の条項を記載すること

・最低限、不動産を管理できる金銭（税金等の支払分）は信託財産としておくこと

・売却がスムーズにできるような条項にすること

　→受託者に売却権限があることを記載

　※売却により受託者が受け取った金銭は、信託財産が不動産から現金に種類が変化しただけであり、追加信託ではない。

・受託者および受益者の合意等により信託終了をする場合もあるため、終了時の受益者に残余財産が帰属する等、条項を作成すること

・受益者連続のスキームになる場合、不動産の売却をせずに子どもらに自宅を帰属させる場合については、委託者の地位を承継する定めにしておくこと（登録免許税法7②）

・受益者が意思表示できない場合も考慮し、受益者代理人の設置も検討すること

老後の収益資産の活用を支援する民事信託にはどのような事例がありますか？

A3 親が現金を子どもに信託して、その資金を元に受託者となった子が親に代わって信託財産を収益物件等に変えて、資産活用をする方法があります。

解 説

1 現金を信託して、その信託財産で不動産を運用管理する民事信託の事例

【家族構成】

現在、父Aさんは、自分と妻Bさんと同居する自宅の建替えを予定しています。

自宅建物が完成した後は、将来の介護のことも考え、長女Cさんとも同居する予定です。

また、老後資金のことも考え、建築する建物は、収益アパートを兼ねています。

父Aさんは、自身が高齢であり、建築期間も2年ほどかかることから、建物完成時の建築代金の支払いや、収益不動産の管理などに不安を感じ、長女Cさんに任せたいという希望があります。

2 スキーム図

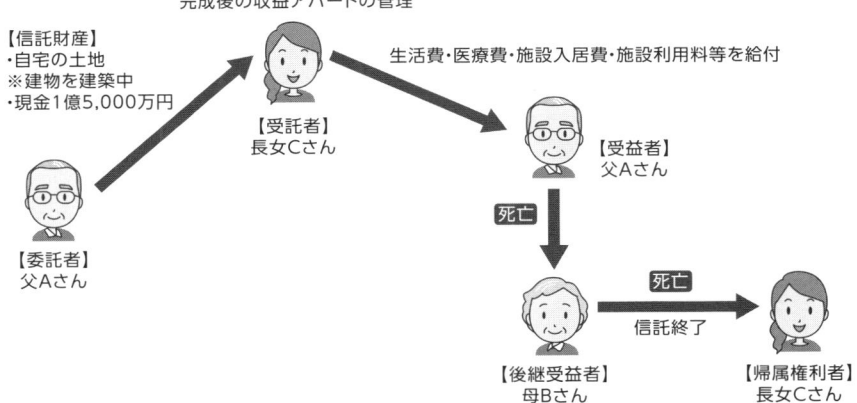

3 手続きおよび信託事務フローの流れ

① **委託者（父A）と受託者（長女C）がスキームの打合せ**

② **受託者（長女C）が信託専用口座開設予定金融機関との打合せ**

③ **委託者（父A）と受託者（長女C）が契約書作成（公証役場）**
- 委託者（父A）と受託者（長女C）が不動産（建物建築中の土地）の所有権移転および信託登記
- 受託者（長女C）が信託専用口座開設
- 委託者（父A）が受託者（長女C）に信託金銭1億5,000万円の引渡し

④ **受託者（長女C）が信託不動産の維持管理**
- 固定資産税等（土地分）の支払い（建物分は完成後）
- 信託契約の内容により建設会社と受託者（長女B）で建物建築の工事請負契約および手付金等の支払い
- 建物完成後、建物建築代金の支払い（着手金・中間金・残代金）
- 完成後の建物（自宅兼収益アパート）の表題登記、所有権保存および信託登記
- 信託財産が現金から不動産に変更されたことにより法定調書の提出（管轄税務署）
- 受託者（長女C）が火災保険等の契約
- 完成後の建物（自宅兼収益アパート）の管理（入居者との契約等）
- 受託者（長女C）が毎年1月末日までに信託計算書を提出（管轄税務署）
  → 受益者（父A）は信託から生じた不動産所得にかかる明細書を管轄税務署に申告

⑤ **受託者（長女C）が受益者（父A、父Aの死亡後は母B）に対し、賃料収入から生活費、医療費、施設入居費、施設利用料等を給付。また、固定資産税の支払い**

⑥ **信託終了**
　※終了事由

・父Aおよび母B両名の死亡

・受託者（長女C）および受益者の合意等

⑦　**父A母B両名の死亡により清算。受託者（長女C）が清算手続き**

・帰属権利者（長女C）へ残余の財産が帰属

　　→信託終了により「信託に関する受益者別（委託者別）調書」、「信託に関する受益者別（委託者別）調書合計表」（相続税法59②）、「信託の計算書」「信託の計算合計表」（所得税法227）を管轄税務署に提出（提出時期：信託が終了した日の属する月の翌月末日）

4　条項等のポイント

・建物の表題登記は長女C名義で申請することができる。

・建物の保存登記および信託の登録免許税は住宅用家屋証明による軽減税率は使えないことに注意

・居住用不動産を兼ねることになること、受益者と受託者が同居する点につき、受益者の権利および受託者の利益相反となる可能性について信託契約書の条項に配慮すること

・受益者（父A）や後継受益者（母B）が認知症等により意思表示不能等になった場合に備えて受益者代理人の設置を検討すること

・父Aまたは母Bが生存中に、受託者および受益者の合意等により信託終了をする場合は、終了時の受益者に残余財産が帰属する等、想定外の贈与税の課税が起こらないように注意して条項を作成すること

・受益者連続のスキームになるので、不動産の売却をせずに子どもらに帰属させる場合については、委託者の地位を承継する定めの検討をしておくこと（登録免許税法7②）

・課税負担を試算し、依頼者の顧問税理士等とも連携して対応すること

Q4 障がい者の将来支援を目的とする民事信託にはどのような事例がありますか？

A4 親や子どもがいない障がい者に対して、手助けされる側も手助けする側も将来を安心できる仕組みづくりを民事信託で設計することができます。

1 障がい者を「いとこ」が支援していく民事信託の事例

【家族構成】

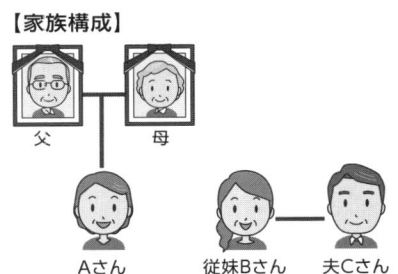

父　　母

Aさん
（大きな疾病あり・子どもなし）　従妹Bさん　夫Cさん

Aさんは幼少から大きな疾病を患っており、将来を心配した父親より生活費の元手になるよう受け継いだ収益不動産等を複数所有しています。

また、将来自分の面倒を従妹Bさん夫婦にみてもらいたいと考えており、そのための自宅のバリアフリー工事も考えています。

Aさんは、日ごろから身の回りのお世話をしてもらっている従妹Bさんに収益不動産も含め、財産の管理を任せたいと希望しています。またAさんおよび従妹BさんはAさんの希望どおりの対応を実現するため法律専門家の監督を希望しています。

2 スキーム図

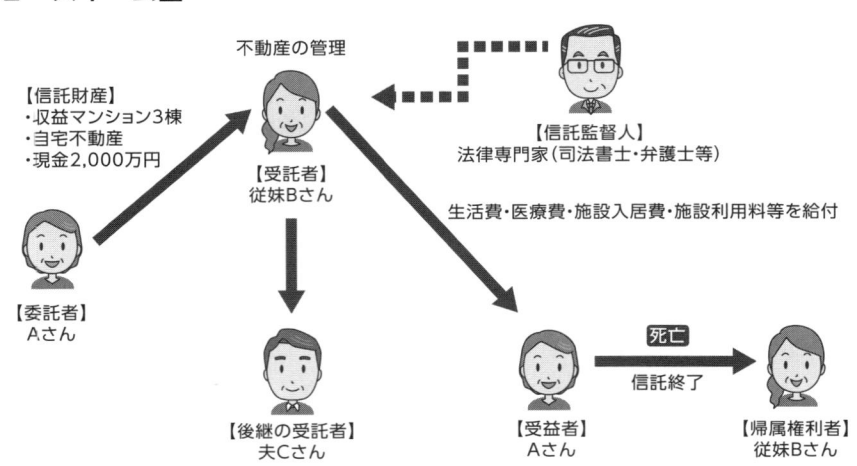

不動産の管理

【信託財産】
・収益マンション3棟
・自宅不動産
・現金2,000万円

【受託者】
従妹Bさん

【信託監督人】
法律専門家（司法書士・弁護士等）

生活費・医療費・施設入居費・施設利用料等を給付

【委託者】
Aさん

【後継の受託者】
夫Cさん

【受益者】
Aさん

死亡

信託終了

【帰属権利者】
従妹Bさん

3 手続きおよび信託事務フローの流れ

① **委託者（A）と受託者（従妹B）、信託監督人となる法律専門家がスキームの打合せ**

② **受託者（従妹B）が信託専用口座開設予定金融機関と打合せ**

・収益不動産に関する担保権設定の有無確認および関係金融機関への確認

・収益物件の管理会社等との打合せ

・委託者（A）の顧問税理士との打合せ

③ **委託者（A）と受託者（従妹B）が契約書作成（公証役場）**

・委託者（A）と受託者（従妹B）が不動産の所有権移転および信託登記

・受託者（従妹B）が信託専用口座開設

・委託者（A）が受託者（従妹B）に信託金銭2,000万円の引渡し

・受託者（従妹B）が火災保険等の名義変更

・受託者（従妹B）が不動産の維持管理

・修繕（大規模修繕を含む。）

・賃貸人としての契約・解約等の管理会社との対応全般、賃料収入・敷金の管理

・固定資産税等の支払い

・受託者（従姉B）が毎年1月末日までに信託計算書を提出（管轄税務署）⇒受益者（A）は信託から生じた不動産所得にかかる明細書を管轄税務署に申告

④ **受託者（従妹B）が受益者（A）へ賃料収入から生活費（現金）を給付、病院等の医療費、施設費用について支払い**

⑤ **一定期ごとに受託者（従妹B）は信託監督人に信託財産および管理の報告および確認**

⑥ **受益者（A）死亡で信託終了**

⑦ **清算受託者（従妹B）が清算手続**

・帰属権利者（従妹B）に残余の財産が帰属

　→信託終了により「信託に関する受益者別（委託者別）調書」、「信託
　に関する受益者別（委託者別）調書合計表」（相続税法59②）、「信
　託の計算書」「信託の計算合計表」（所得税法227）を管轄税務署に
　提出（提出時期：信託が終了した日の属する月の翌月末日）

4　条項等のポイント

・いとこを受託者とする場合は委託者との年齢が近いことが多いので、必
　ず後継の受託者の規定まで検討すること、また信託報酬についても適正
　に定めること
・敷金等の保証金を信託財産に加えておくこと
・信託不動産の大規模修繕の時期を考えて資金のシミュレーションをする
　こと
・受託者（従妹B）に本信託契約の無限責任が及ぶことを明確に説明する
　こと
・収益物件の管理体制を検討すること
・収益不動産を管理できる金銭（税金等の支払分）を信託財産としておく
　こと
・将来の万が一に備え、信託内借入れを想定した条項を検討すること
　　→受託者（従妹B）に借入れ権限があることを記載等
　　→免責的債務引受か重畳的債務引受かの検討および金融機関への相談
・顧問税理士と協力、連携し、将来想定される相続税の試算を行い、納税
　資金等を確認すること
・委託者（A）が生存中に、受託者および受益者の合意等により信託終了
　をする場合も想定し、終了時の受益者に残余財産が帰属する等、予定し
　ていない帰属先に贈与税の課税が発生しないよう注意して条項を作成す
　ること

次世代への資産承継と将来の資産活用を支援する民事信託にはどのような事例がありますか？

A5 推定相続人の一人が受託者になって、その財産の管理・運用・処分を任せる信託を設定すれば、スムーズな資産承継を図ることができます。

解説

1 収益不動産を現金化してから承継させる民事信託の事例

【家族構成】

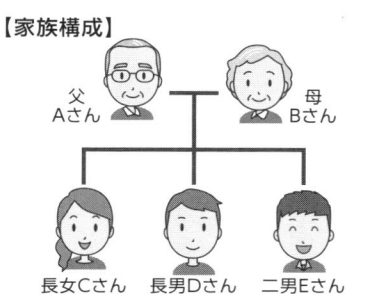

現在、父Aさんは、収益不動産（ビル）を所有していますが、自分の死後も妻Bさんに当該不動産の収益を得てもらいたいと考えています。しかし、Bさんは不動産運用に興味がありません。

また、父Aさん、母Bさんの死後、長女に判断を任せて、将来的には売却して3人の子どもたちに平等に財産を分けたいと思っています。

※長男Dさんおよび二男Eさんは遠方に居住しています。

2 スキーム図

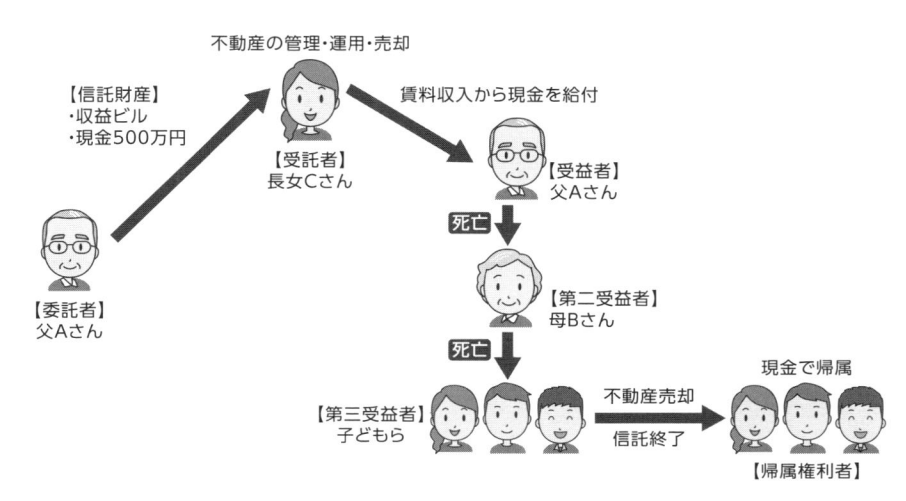

3 手続きの概要および信託事務のフロー

① 委託者（父A）と受託者（長女C）がスキームの打合せ

　　※母B、長男D、二男Eの同席が望ましい

② 受託者（長女C）が信託専用口座開設予定金融機関および不動産管理会社と打合せ

　・収益不動産に関する担保権設定の有無確認および関係金融機関への確認

　・管理会社と所有者が交代することになる説明、敷金、収支の状況等の確認と今後の連携

③ 委託者（父A）と受託者（長女C）が契約書作成（公証役場）

　・委託者（父A）と受託者（長女C）が不動産（収益ビル）の所有権移転および信託登記

　・受託者（長女C）が信託専用口座開設

　・委託者（父A）が受託者（長女C）に信託金銭500万円の引渡し

　・賃料収入を委託者A名義の口座から信託専用口座名義への変更

　・受託者（長女C）が火災保険等の名義変更

④ 受託者（長女C）が収益ビルの維持管理

　・賃貸人としての契約・解約等の管理会社との対応全般、賃料収入・敷金の管理

　・修繕（大規模修繕を含む。）

　・固定資産税等の支払い

　・受託者（長女C）が毎年1月末日までに信託計算書を提出（管轄税務署）⇒受益者（父A）は信託から生じた不動産所得にかかる明細書を管轄税務署に申告

⑤ 受託者（長女C）が受益者（父A、父Aの死亡後は母B、父A母Bの死亡後は長女C、長男D、二男E）へ毎月、賃料収入から現金を給付

⑥ 受益者が変更したことによる信託調書等を管轄税務署に提出、受益者変更登記の申請

⑦ 父Aおよび母Bの死亡により、受益者が長女C、長男D、二男Eとな

った場合に収益ビルを売却して信託終了

　　→信託財産の種類等権利の内容が変更したことにより「信託に関する受益者別（委託者別）調書」、「信託に関する受益者別（委託者別）調書合計表」を管轄税務署に提出（相続税法59②）（提出時期：売却した日の属する月の翌月末日）なお、権利変更の場合の調書提出は、受益者が一人のときは不要です。

⑧　**受託者（長女C）が清算手続**

　・帰属権利者（長女C、長男D、二男E）へ必要経費等を差し引いた金銭を均等に分配

4　条項等のポイント

・（信託設定時にすでに借入れがあるとき、または信託組成後に借入れの可能性があるとき）信託財産責任負担債務の条項が必要

・免責的債務引受か重畳的債務引受かの検討および金融機関への相談

・敷金等の保証金を現金として信託財産に加えること

・信託不動産の大規模修繕の時期を考えて資金のシミュレーションをすること

・収益物件の管理体制を検討すること

・売却がスムーズにできるような条項の検討

　　→受託者に売却権限があることを記載。必要があれば売却時期や売却条件等も加える

※売却により受託者が受け取った金銭は、信託財産が不動産から現金に種類が変化しただけであり、追加信託ではない。

・受益者（父Aおよび母B）が認知症等により意思表示不能等になる可能性を考慮し、または受益者が兄弟3人になり手続きが煩雑になることを避けるため受益者代理人の設置を検討

・信託財産が常に適切に管理されているか、また売却が適正に対応されるよう検証するため信託監督人の設置を検討

・父Ａまたは母Ｂが生存中に、受託者および受益者の合意等により信託終了をする場合は、予定している終了時の受益者に残余財産が帰属する等、想定外の帰属先となり贈与税の課税が発生しないよう途中の終了に備えた条項を作成すること
・受益者連続型になるので不動産の売却をせずに子どもらに帰属させる場合については、委託者の地位を承継する定めの検討をすること（登録免許税法7②）
・課税負担を試算し、依頼者の顧問税理士等とも連携して対応すること

相続の発生が想定外な順序になる可能性を解決し、資産の分散化防止のための民事信託を活用することはできますか？

A6 家族で共有になっている不動産の持ち分を一人にまとめ、売却等の不動産処分のタイミングで円滑な対応ができるよう民事信託を利用して準備しておくことができます。

解 説

1 共有不動産の持分をまとめ、将来の売却をスムーズに行うための民事信託の事例

【家族構成】

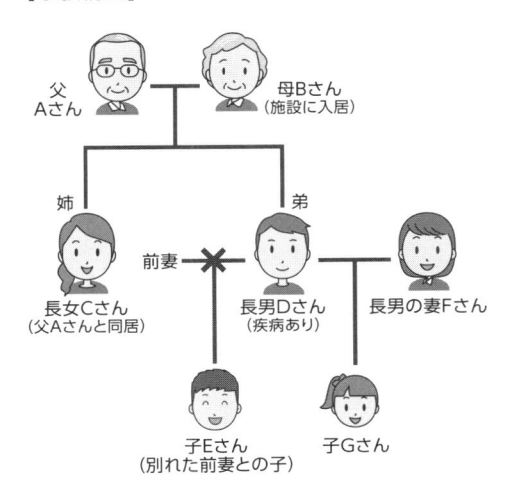

　長女Cさんは、実家に住んでいる父Aさんと、施設に入居中の母Bさんの介護をしています。

　実家の不動産の所有者は、父Aさん、長男Dさんの名義（持分は各2分の1）となっていますが、遺言により父Aさんの持分は長女Cさんに帰属する予定です。

　長女Cさんおよび長男Dさんは、将来、父Aさんが死亡した後は、長女Cさんと長男Dさんの共有となった場合に円滑に不動産処分ができるように準備をしておきたいと思っています。

※長男Dさんには前妻の子Eさんがいますが、連絡が取れない状況にあり、Dに相続が発生した場合には不動産処分時等に協力が得られない可能性が高く、また長男Dさんは最近大きな疾病が判明し、もしもの時に長男の妻Fさんや子Gさんに面倒を残さないようにしたいと思っています。

2　スキーム図

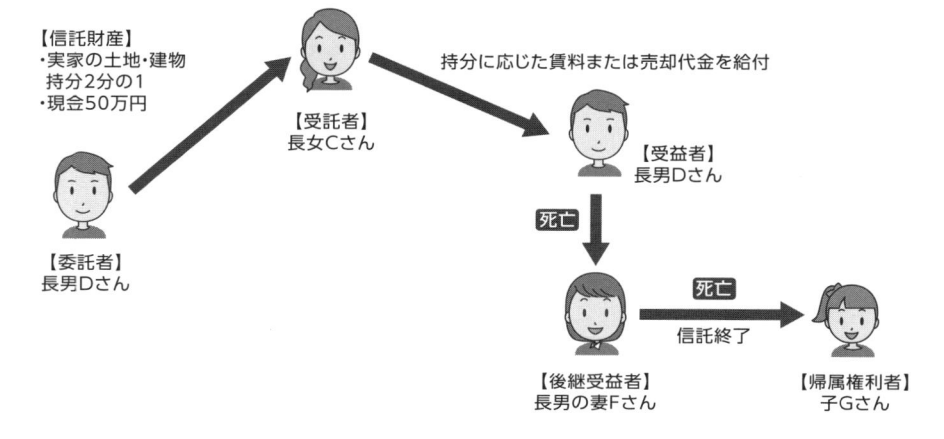

父Aさん・母Bさん死亡後に賃貸または売却

【信託財産】
・実家の土地・建物
　持分2分の1
・現金50万円

持分に応じた賃料または売却代金を給付

【受託者】
長女Cさん

【受益者】
長男Dさん

【委託者】
長男Dさん

死亡

【後継受益者】
長男の妻Fさん

死亡

信託終了

【帰属権利者】
子Gさん

3　手続きおよび信託事務フローの流れ

① **委託者（長男D）と受託者（長女C）がスキームの打合せ**

　　※父A、母B、長男の妻Fの同席が望ましい

② **受託者（長女C）が信託専用口座開設予定金融機関と打合せ**

③ **委託者（長男D）と受託者（長女C）が契約書作成（公証役場）**

　・委託者（長男D）と受託者（長女C）が不動産持分の所有権移転および信託登記

　・受託者（長女C）が信託専用口座開設

　・委託者（長男D）が受託者（長女C）に信託金銭50万円の引渡し

　・受託者（長女C）が火災保険等の名義変更（父A名義の契約である場合、保険会社に対応を確認）

④ **受託者（長女C）が不動産持分の維持管理（共有者父Aとの役割分担の検討）**

　・修繕

　・固定資産税等の支払い

⑤ **父Aおよび母Bが当該不動産に居住しなくなった後、受託者（長女C）**

と共有者父Aが不動産の賃貸または売却（※父Aが死亡した際は単独で対応）

  ・受益者（長男D、死亡後は長男の妻Fまたは子G）へ賃料または売却代金から現金を給付および、信託計算書・法定調書の提出

⑥　受益者への売却代金の引渡しをもって信託終了

⑦　受託者（長女C）が清算手続

  ・帰属権利者（売却時の受益者）に残余の財産を帰属させる

  →信託終了により「信託に関する受益者別（委託者別）調書」、「信託に関する受益者別（委託者別）調書合計表」（相続税法59②）、「信託の計算書」「信託の計算合計表」（所得税法227）を管轄税務署に提出（提出時期：信託が終了した日の属する月の翌月末日）

4　条項等のポイント

・売却が適正な価格でなされるか否か、公平性を担保するため信託監督人の設置を検討すること

・委託者（長男D）が生存中に、受益者および受益者の合意等により信託終了をする場合は、終了時の受益者（長男D）に残余財産が帰属する等、贈与税の課税が発生しないよう注意して条項を作成すること

・受益者連続になるので、不動産の売却をせずに子どもらに帰属させる場合については、委託者の地位を承継する定めを検討すること（登録免許税法7②）

・子Eの遺留分に配慮した長男Dの遺言書作成や、生命保険契約の加入について検討すること

・当初、本信託財産は収益物件ではないので、固定資産税分の現金を信託財産に加えること。また、追加信託の規定を検討すること

・父Aの不動産持分については、任意後見制度の利用等を検討すること

Q7 多数の土地共有者の資産管理・運用を目的とした民事信託にはどのような事例がありますか？

A7 たとえば地主会等の親族ではない共有者全員で、今後の財産管理を行うために設立した一般社団法人に信託し、不動産名義を法人一人にして管理していくことが可能です。

解説

1 多数の地主が共有している不動産管理のための民事信託の事例

【関係者】　○○地主会

○○地主会は、○○地域に古くからある複数の不動産を、当該地域に居住する住民約50名で総有しています。

現在は住民の高齢化が進み、不動産の代表者名義人が名義変更をする際に意思表示が難しくなる懸念がでてきました。

また、○○地主会を法人化することも検討しましたが、財産の移転に関する各種税金が高額となるため、断念した経緯があります。

※地域住民全員が構成員ではないため、○○地主会は認可地縁団体にはできません。

2 スキーム図

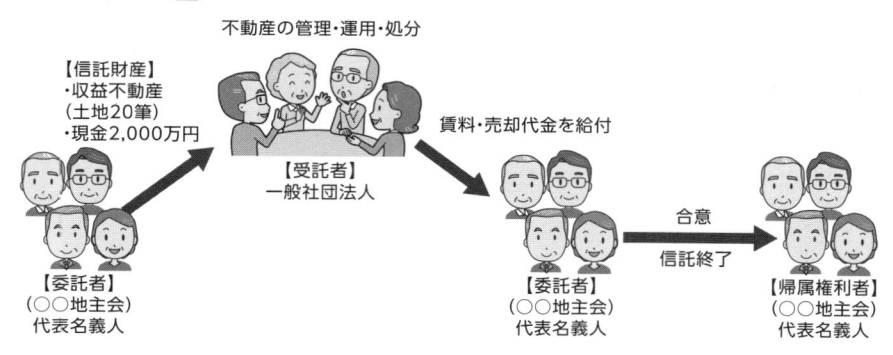

不動産の管理・運用・処分

【信託財産】
・収益不動産
（土地20筆）
・現金2,000万円

【受託者】
一般社団法人

賃料・売却代金を給付

【委託者】
（○○地主会）
代表名義人

合意
信託終了

【委託者】
（○○地主会）
代表名義人

【帰属権利者】
（○○地主会）
代表名義人

3 手続きおよび信託事務フローの流れ

① 委託者（○○地主会：不動産名義が代表名義人となった個人）が規約の定めに従い総会決議により一般社団法人設立およびその法人を受託者とする信託導入を決定

② 受託者名義の信託専用口座開設予定金融機関と打合せ
・収益不動産に関する担保権設定の有無確認および関係金融機関への確認

③ 受託者にする予定の一般社団法人を設立
※一般社団法人の社員および役員の構成について○○地主会との利益相反等に注意すること

④ 委託者（○○地主会たる代表名義人）と受託者（一般社団法人）が契約書作成（公証役場）
・委託者（○○地主会たる代表名義人）と受託者（一般社団法人）が不動産の所有権移転および信託登記
・受託者（一般社団法人）が信託専用口座開設
・委託者（○○地主会）が受託者（一般社団法人）に信託金銭2,000万円の引渡し
・受託者（一般社団法人）が火災保険等の名義変更

⑤ 受託者（一般社団法人）が不動産の管理・運用・処分
・修繕（大規模修繕を含む。）、管理（収益不動産の賃貸契約等を含む。）、処分（売買・収用等を含む。）等の対応
・固定資産税等の支払い
・受託者（一般社団法人）が毎年1月末日までに信託計算書を提出（管轄税務署）
　→受益者（○○地主会）は従前どおりの申告に加え信託から生じた不動産所得にかかる明細書を管轄税務署に申告

⑥ 受託者（一般社団法人）が受益者（○○地主会）へ賃料収入、不動産売却代金から現金を給付

⑦　受益者（○○地主会）と受託者（一般社団法人）の合意により信託終了

⑧　**清算受託者が清算手続**

　・帰属権利者（○○地主会のその時点での代表名義人）に残余の財産が帰属

　→信託終了により「信託に関する受益者別（委託者別）調書」、「信託に関する受益者別（委託者別）調書合計表」（相続税法59②）、「信託の計算書」「信託の計算合計表」（所得税法227）を管轄税務署に提出（提出時期：信託が終了した日の属する月の翌月末日）

4　条項等のポイント

・地主会が所有する財産であるが、登記上は代表名義人個人の登記名義となっているところ、もし代表名義人が疾病等により意思表示不能や行方不明、または地主会に協力をしない場合、その財産の管理・処分等、ほとんどの契約行為ができなくなる可能性がある。また、代表名義人の相続人が自身の財産と誤って処分してしまう可能性があることから、分別管理を徹底したいというニーズがある。

・信託前に不動産が担保提供されている場合は、信託財産責任負担債務の条項を記載すること

・最低限、不動産を管理できる金銭（税金等の支払分）は信託財産としておくこと

・賃貸、売却がスムーズにできるような条項にすること

　→受託者に各種処分権限があることを記載

※売却により受託者が受け取った金銭は、信託財産が不動産から現金に種類が変化しただけであり、追加信託ではない。

・受託者（一般社団法人）の固有財産と信託財産の分別管理に注意すること

・売却が適正な価格でなされるか否か、公平性を担保するため信託監督人

の設置を検討

・受託者事務支援のため、法律専門家を一般社団法人の顧問等として設置
　することを検討

・委託者（○○地主会）と受託者（一般社団法人）の役員任期を一致させ
　ると総会運営上好ましい

・税理士と連携し、一般社団法人の固有勘定と信託財産の会計に注意する
　こと

・権利能力のない社団である自治会（地主会）が、代表名義人名義で登記
　されている不動産を目的とした当該自治会を受益者とする信託がされた
　場合に、権利能力のない自治会を受益者として信託の登記をすることは
　できない点に注意すること（昭和59年3月2日民三第111号民事局長回
　答）

・地主が所有する田畑などの農地は、原則として、信託財産とすることは
　できないので、信託された他の不動産とは別に引き続き地主会が管理処
　分を行うことに注意すること

Q8 高齢な会社経営者の株式承継対策として の民事信託にはどのような事例があ りますか（株価が高い場合）？

A8 株価が高く、自社株の承継は相続時に行う予定でいるものの、もしも高齢な社長が疾病等を理由に株式の議決権を行使できなくなると、株主総会が機能しなくなってしまう危険性があります。代表権をまだ若い息子に移すタイミングで株式の議決権行使も任せ、周りのサポートを受けながら段階的に会社の運営全般を担わせていく方法として民事信託が活用できます。

解 説

1 自社株の評価が高い場合に利用する民事信託の事例

【家族構成】

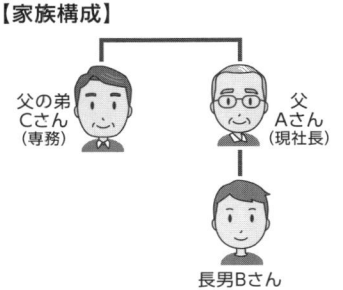

父Aさんは会社を経営し、自社株式を所有しています。父Aさんは、自身の年齢、会社の将来を考え、長男Bさんに会社の経営を任せてみようと思っていますが、長男Bさんは若く、すべてを任せることに不安もあります。

しばらくは8歳年下の専務である弟Cさんにサポートをしてもらいつつ最終的には株式を長男Bさんに集めたいと考えています。

また、自社株式の資産価値も高く、贈与した場合の税金面の心配もあります。

2 スキーム図

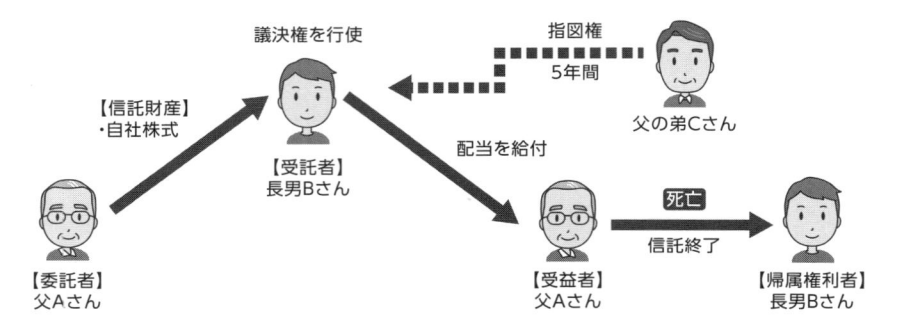

3　手続きおよび信託事務フローの流れ

① **委託者（父A）と受託者（長男B）がスキームの打合せ**　※父の弟C、
　顧問税理士が同席し、指図権の内容、期間や役割を明確にすること

② **委託者（父A）と受託者（長男B）が契約書作成（公証役場）**
　・委託者（父A）と受託者（長男B）および株式会社が株式譲渡手続き
　　※会社定款に従い、取締役会の承認、譲渡契約、株主名簿書換え等の
　　　対応→自益信託なので名義変更による贈与税は非課税

③ **受託者（長男B）が会社株式の維持管理、議決権行使**
　　※指図権者（父の弟・専務C）が一定の議決権行使につき指示
　・株式配当がある場合、信託計算書（毎年）の提出（管轄税務署）

④ **指図権者（専務C）の地位が5年で消滅**

⑤ **父A死亡により、信託終了**
　・信託計算書・信託調書の提出（管轄税務署）

⑥ **父A死亡後、帰属権利者（長男B）が株式の取得**
　　※株式の価格は相続時点の評価額となる。税理士による株価計算→相
　　　続税の申告および支払い

4　条項等のポイント

・事業承継税制の優遇が受けられなくなる点に注意
・種類株を発行して類似の仕組みによって対応させることも可能であるの
　で、依頼者の希望を確認して提案を行うこと
・指図権については、期限を設けるなど、若い社長（長男B）の意欲を阻
　害しないように配慮すること
・長男B以外の相続人の遺留分に配慮して、その他相続財産について遺言
　の作成等の対応を行うこと
・相続税の納税資金、遺産分割について、税理士と連携し、入念な打合せ
　を行うこと
・受益者Aの受益権を段階的に長男Bへ贈与していく検討も可能

Q9 現役の会社経営者が事前に行う株式承継対策として民事信託を利用するにはどのような事例がありますか（株価が低い場合）？

A9 現時点で株価が低い場合で、かつ、将来その価値の増加が見込まれる場合、あらかじめ、所有する自社株に対して社長が委託者兼受託者となる自己信託（信託宣言）を行い、息子を受益者とすることによって、生前贈与と同じような税務上の財産権の移転を行いつつも、会社経営のための株式所有者としての議決権を手元に残して現役社長として対応していく方法があります。

解 説

1 自社株の評価が低い状況で利用を検討する民事信託の事例

【家族構成】

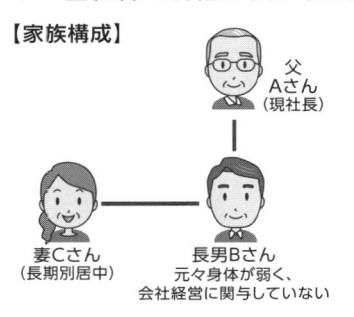

父 Aさん（現社長）

妻Cさん（長期別居中）

長男Bさん
元々身体が弱く、会社経営に関与していない

父Aさんは会社を経営し、自社株式を所有しています。

父Aさんは、将来自分が社長を辞める際には、会社を売却し、その財産的価値（金銭）のみを長男Bに残したいと考えています。また、長男Bさんは元々身体が弱く、会社経営にも関与していません。もしも株式の贈与をした後に長男Bが自分より先立ってしまうと、会社株式が関係の良くない別居中の妻Cさんに移ってしまい、将来的に予定している会社の売却が困難になってしまう可能性があるため、その対応を検討しています。

2 スキーム図

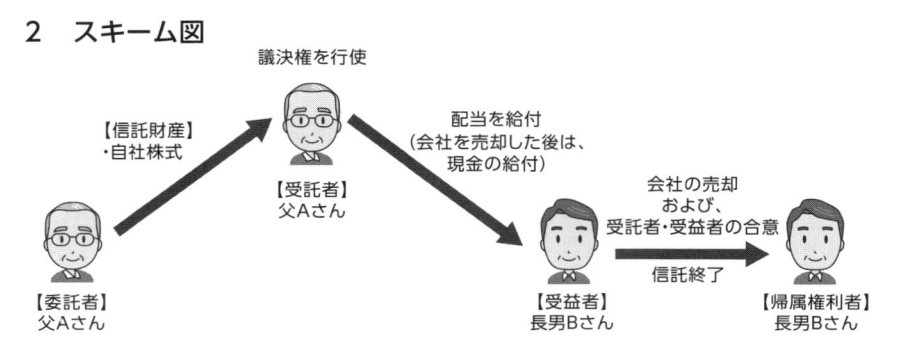

議決権を行使

【信託財産】
・自社株式

【受託者】
父Aさん

配当を給付
（会社を売却した後は、現金の給付）

会社の売却
および、
受託者・受益者の合意

信託終了

【委託者】
父Aさん

【受益者】
長男Bさん

【帰属権利者】
長男Bさん

3　手続きおよび信託事務フローの流れ

①　**委託者（父A）がスキームの検討**

　　※顧問税理士の同席は必須。長男Bの同席が望ましい。

②　**委託者（父A）が公証役場において信託宣言（自己信託）**

③　**会社において、自身が所有する自社株が信託財産に変わるため、株式名簿書換え等の対応**

④　**受託者（父A）が管轄税務署に信託調書の提出（設定後翌月末日まで）。ただし、信託された財産が50万円以下である場合は不要**

⑤　**受託者Aとして、会社の売却（株式売却）手続き**

　　※代表取締役Aとしておよび株主Aとしての対応

　　※自社株から現金に信託財産の変更および管理

　　※信託財産の種類の変更による信託調書提出（管轄税務署）

⑥　**信託の終了**

　　※会社売却後、受託者および受益者の合意、または株式の売却後5年経過で信託終了

　　→残余財産を帰属権利者（長男B）に引渡し

　　※他益信託となるので贈与税は自己信託された時点の株価で評価され、課税されます。受託者（父A）死亡による遺留分の計算については、A死亡時点の株価によって算定される可能性があります。

　　→信託終了により「信託に関する受益者別（委託者別）調書」、「信託に関する受益者別（委託者別）調書合計表」（相続税法59②）、「信託の計算書」「信託の計算合計表」（所得税法227）を管轄税務署に提出（提出時期：信託が終了した日の属する月の翌月末日）

4　条項等のポイント

・株価の試算、会社の業績の予想、M&Aの状況等について十分に顧問税理士らと打合せを行うこと

・受託者Aの退職金についても十分に検討および配慮すること

・長男B以外の相続人の遺留分に配慮して、他の子も受益者に加える等その他相続財産についても配慮すること
・生命保険等を活用して遺留分についての対応を検討すること
・相続税の配慮について、税理士と連携し、入念な打合せを行うこと
・帰属権利者となる長男Bとも連携して、将来の資産管理を十分打ち合わせておくこと
・父Aさんの後継の受託者を選任しておき、会社売却の手続きに支障がないよう配慮しておくこと

おわりに

　相続法が改正され、段階的に施行されています。

　とりわけ遺言執行、法定相続分を超える相続の第三者対抗力については、改正前とどのような点が異なるのか、今後の遺言作成でどのような点を注意すべきか、遺言執行等の諸手続きをどのように行う必要があるのか等について、改めて研究検討しなければなりません。

　改正相続法を踏まえて、相続トラブルを対策する手段として最終意思の確実な実現のための民事信託がさらに注目されるようになりました。しかしながら、相続トラブルを予想・内包しての信託の組成は細心の注意を払わなければなりません。信託法等においてその解釈が分かれている点が少なからずあるからです。一方で、信託の特性を活かして本人のみならず家族の生活、資産の承継の願いを実現できるスキームが可能です。

　遺言にしても民事信託にしても合理的な内容が見えるようにすること、そして、現実との整合性のある条項の定めに神経を費やすことが何より大切なのではないでしょうか。

　コーディネーター、アドバイザー、ファイナンシャルプランナー（FP）ほか専門家および金融機関に携わる方々は、顧客にとって身近な頼りになる、なくてはならない支援者です。

　本書は、一般社団法人民事信託士協会の認定を受けた「民事信託士及び講師陣」が筆者となり、事例をあげて民事信託の基本的仕組み、当事者・関係者、実務の全体的な事務、手続きフローについて解説させていただきながら、民事信託の基礎とメリットや注意点を網羅し、知っておいていただくべき事柄を記述することで、民事信託を俯瞰できるように作成しましたので、皆様のお役に立てる内容となっていると思います。

2019年（令和元年）11月

一般社団法人民事信託推進センター

代表理事　**山﨑芳乃**

執筆者プロフィール (50音順)

浅井健司 (あさい・けんじ) ▶6章・12章・15章担当

司法書士・行政書士・社会保険労務士・民事信託士。浅井総合法務事務所代表

一般社団法人民事信託士協会理事、愛知県司法書士会理事、信託法学会会員

〔著書〕「民事信託の失敗事例と問題ある契約の検証、その対処・解決方法」『月刊登記情報』
　　2018年9月号（きんざい）等

海野千宏 (うみの・ちひろ) ▶2章・3章・4章・5章担当

弁護士・民事信託士。中央大学法学部客員講師、中央大学大学院法務研究科実務講師

一般社団法人民事信託推進センター会員、一般社団法人民事信託士協会会員

宅建協会、金融機関向け民事信託研修講師を務める等、民事信託を主要取扱分野とする。

金森健一 (かなもり・けんいち) ▶8章・10章担当

弁護士。民事信託及び商事信託の、ストラクチャー構築、当局対応や金融機関へのアドバイス、
信託会社設立支援等を行う。ほがらか信託株式会社副社長執行役員、駿河台大学特任准教授、
一般社団法人民事信託推進センター会員

澤邉　宏 (さわべ・ひろし) ▶1章担当

司法書士・民事信託士。茨城司法書士会所属、公益社団法人成年後見センター・リーガルサポー
ト会員、一般社団法人民事信託推進センター会員、一般社団法人民事信託士協会会員、ふく
し信託サポーター持株会会員

鈴木　望 (すずき・のぞむ) ▶7章・11章・14章担当

ビゼックス合同事務所 代表（司法書士・行政書士）。一般社団法人民事信託推進センター理事、
民事信託士、信託法学会会員。民事信託に関しては、受託者支援を含めた信託コンサルタン
ト業務や金融機関へのアドバイス等を行っている。

〔著書〕『賃貸アパート・マンションの民事信託実務』（日本法令・共著）他

髙橋宏治 (たかはし・こうじ) ▶9章担当

司法書士・行政書士・民事信託士。栃木県司法書士会副会長、一般社団法人民事信託推進セ
ンター理事、一般社団法人民事信託士協会理事、リーガルサポートとちぎ支部幹事

〔著書〕『民事信託実務ハンドブック』（日本法令・共著）、『法律から見た農業支援の実務』（日
　　本加除出版・共著）、『事例解説 農地の相続、農業の承継』（日本加除出版・共著）他

若山寿裕 (わかやま・としひろ) ▶13章担当

一般社団法人民事信託推進センター会員、税理士。2019年10月、税理士法人平川会計パート
ナーズを退社。現在、荻原英美税理士事務所所属

〔著書〕『民事信託実務ハンドブック』（日本法令・共著）、『「事業承継税制の特例」完全ガイド』
　　（税務研究会・共著）他

編集者プロフィール

一般社団法人民事信託士協会

平成26年4月	民事信託制度の幅広い活用と適正かつ円滑な運用等のための人材確保と、これを担う民事信託士の育成及び指導等による資質の向上に資する団体として設立
平成27年	民事信託の適正活用を担う人材の育成を目指して、司法書士、弁護士の登録をする者に新たに民事信託士という資格を創設

〔主な活動内容〕

民事信託士検定の主催

民事信託の適正な活用と民事信託士の資質向上のための研修会等の開催

〔URL〕http://www.civiltrust.com/shintakushi/index.html

一般社団法人民事信託推進センター

平成23年9月 「健全な民事信託の制度が幅広く活用されること」を目的に設立

〔主な活動内容〕

民事信託を学び適正にコンサルできるよう、幅広い分野の会員に対して民事信託実務入門講座、事例研究委員会、テーマ別民事信託実務研究会、全国6ブロック研修等の開催

講師派遣、各種取材対応

〔URL〕http://www.civiltrust.com

〔主な出版物〕

『賃貸アパート・マンションの民事信託実務』成田一正・金森健一・鈴木 望／著、星田 寛／協力、(一社) 民事信託士協会・(一社) 民事信託推進センター／編集 (2019年7月発行・日本法令)

『民事信託実務ハンドブック』平川忠雄／監修、遠藤英嗣・中島孝一・星田 寛／編著、(一社) 民事信託推進センター／編集協力 (2016年7月発行・日本法令)

『有効活用事例にみる民事信託の実務指針－スキーム立案・登記・税務－』(一社) 民事信託推進センター／編 (2016年6月発行・民事法研究会)

よくわかる 民事信託

―基礎知識と実務のポイント

2019 年 12 月 25 日　初版第 1 刷発行

編　集	（一社）民事信託士協会 （一社）民事信託推進センター
執　筆	浅井健司・海野千宏・金森健一・澤邉　宏 鈴木　望・髙橋宏治・若山寿裕
発行者	中野進介
発行所	株式会社 ビジネス教育出版社

〒 102-0074　東京都千代田区九段南 4-7-13
TEL 03（3221）5361（代表）／ FAX 03（3222）7878
E-mail ▶ info@bks.co.jp URL ▶ https://www.bks.co.jp

印刷・製本／シナノ印刷㈱　装丁・本文デザイン・DTP ／タナカデザイン
落丁・乱丁はお取り替えします。

ISBN978-4-8283-0797-8　C2032